国家出版基金项目
NATIONAL PUBLICATION FOUNDATION

乡村电子商务丛书

主 编 李 琪

乡村电子商务概论

明小波 编著

中原农民出版社

· 郑州 ·

图书在版编目（CIP）数据

乡村电子商务概论 / 明小波编著 .—郑州 ：中原农民出版社，2020.12

（乡村电子商务丛书 / 李琪主编）

ISBN 978-7-5542-2346-8

Ⅰ. ①乡… Ⅱ. ①明… Ⅲ. ①农村—电子商务—中国 Ⅳ. ①F724.6

中国版本图书馆CIP数据核字（2020）第225328号

乡村电子商务概论

XIANGCUN DIANZI SHANGWU GAILUN

出 版 人：刘宏伟
选题策划：朱相师
责任编辑：肖攀锋
责任校对：尹春霞
责任印制：孙 瑞
装帧设计：杨 柳 薛 莲

出版发行：中原农民出版社
地址：郑州市郑东新区祥盛街 27 号 7 层 邮编：450016
电话：0371－65788655（编辑部） 0371－65788199（营销部）
经 销：全国新华书店
印 刷：河南省邮电印刷厂
开 本：710 mm×1010 mm 1/16
印 张：16.5
字 数：178 千字
版 次：2021 年 1 月第 1 版
印 次：2021 年 1 月第 1 次印刷
定 价：66.00 元

本书作者

编　著　明小波

总 序

为乡村振兴战略插上腾飞的翅膀

党的十九大报告中提出，要实施乡村振兴战略，促进农村一二三产业融合发展，拓宽增收渠道。随着“互联网 +”的兴起，乡村电子商务正逐渐成为农民增收致富的重要手段。电子商务（有时也简称“电商”）作为先进的生产力和生产方式正从城市走向农村，“电商扶贫”“上山下乡”取得了显著成就，带动了农村地区的经济发展，提高了农村居民生活水平和改善了农村生态环境。

多年来互联网技术的快速发展和电子商务的蓬勃兴起，正在重塑着城乡的经济社会发展面貌。尤其是对于乡村发展而言，对这种力量的需求更为迫切。广袤的农村蕴含着巨大的人力、资源富矿，需要的恰恰就是像淘宝、京东、拼多多等这样更能结合时代发展趋势的新平台、新方式。用科技改变农村面貌，尤其是深入触及乡村经济的结构化调整与升级，让农民摆脱单一的耕种生存模式，向现代化企业主、产业工人转型，成为近年来电子商务下乡热潮的驱动力。

首先，电子商务下乡不仅是经济层面的创新，更涉及其他宏观层面，例如对农村社会化、组织化建设的推动。这些年来，农民大多是一家一户在自己的田地上耕作，而广大“新农人”往往与地方政府联动，从当地优势产业发展出发，主打几类重点产品。由于乡村“新农人”背后连接着天猫和淘宝等电子商务平台，通过大数据、用户画像等路径，能够更为精准地了解用户需求，甚至根据数据曲线预判来年消费者需求变化，如此一来，各个“淘宝村”的农民就可以集中资源，按照需求与订单来提供对应农产品及其他产品。不少“新农人”已经发展成为中小企业管理者，可以整合其他农民的资金、土地、产品等，对内把控质量，对外树立品牌，统一产品输出。碎片化的农村单元逐渐发展成为组织化、系统化的中、小、微型企业运作，农民的角色和意识都实现了跨越式转型发展。

其次，电子商务下乡带来的是农村公共服务的现代化。城乡二元制的一大难题是农村公共资源配给少、层次不高。而乡村基层干部可调配的资源有限，不能为农民提供相匹配的公共服务。近年来，不少地方通过推动电子商务下乡工程，不仅为农民带来了新的创收途径，也在与电子商务的协同中实现了管理和服务的创新。比如更多农村干部逐步掌握了互联网知识，并向所在乡村农民普及互联网开放、平等、自由、共享的精神，以及以客户为中心的服务模式，开始贯穿到乡村的日常运转中，提高效能，以农民所需为本，一手抓现有资源聚合释能，一手抓从县乡政府到村委会的组织体制改革，最终形成了堪比城市的公共服务理念和绩效。

在国家政策的大力支持下，我国乡村电子商务发展迅猛，正在深刻改变着传统农产品流通方式，成为加快转变农业发展方式，完善农产品市场机制，推动农业、农村信息化发展的新动力，对发展现代农业、繁荣乡村经济、改善城乡居民生活的作用日益凸显。同时，由于多种原因，我国乡村电子商务发展仍处在初级阶段，面临着基础设施条件差，农产品标准化程度低、流通体系不完整、市场秩序不规范、诚信体系不健全、配套政策不完善等困难和问题，亟须提高认识，提出对策，采取有效措施切实加以解决。为此，我们专门组织策划了“乡村电子商务丛书”，以问题为导向，深层次、全方位地阐述乡村电子商务在我国乡村振兴战略实施进程中应当发挥的更加积极的作用，为乡村振兴战略顺利实施插上腾飞的翅膀。

“乡村电子商务丛书”第一辑的内容涵盖了《县域电子商务干部读本》《乡村互联网金融》《乡村电子商务概论》《大学生村官电子商务》《邮政乡村电子商务》《农产品电子商务》《种植养殖业电子商务》《乡村旅游电子商务》《乡村电子商务实务》共计9卷。“乡村电子商务丛书”的撰写汇聚了国内相关领域的权威专家和学者，历时两年多完成初稿，获得了2019年度国家出版基金的资助，经专家委员会论证、修改、完善，最后由中原农民出版社审定出版。

“乡村电子商务丛书”的出版能够进一步梳理我国乡村电子商务发展的轨迹，总结乡村电子商务发展经验，探讨乡村电子商务形成规律，整理乡村电子商务发展模式，发现和探讨乡村电子商务存在的问题，推动我国乡村电子商务高质量发展，助力乡村振兴战略顺利实施！

“乡村电子商务丛书”可积极参与国家电子商务专业技术人才知识更新工程，开展新型农业经营主体培训，让专业大户、家庭农场、农民合作社等新型农业经营主体、高素质农民和农业企业负责人掌握农产品和农业生产资料网上经营策略和技巧，为培养一批有理论和实践能力的乡村电子商务人才和切实提高新型农业经营主体电子商务应用能力提供智力支持。该丛书采用彩色印刷，图文并茂，配置了模块化阅读内容，让读者在轻松阅读的基础上快速、便捷地掌握乡村电子商务专业知识，进而服务于产业、生产、经营等现代农业体系。

教育部电子商务类专业教学指导委员会副主任委员

中国信息经济学会副理事长、电子商务专业委员会主任

西安交通大学经济与金融学院教授

2020 年 12 月

前　言

经历了“淘宝村”和“电子商务进农村”两个时期之后，2015年，国务院办公厅印发《关于促进农村电子商务加快发展的指导意见》，农村电子商务得到快速发展。2018年，中共中央、国务院印发《关于实施乡村振兴战略的意见》，为农村电子商务提出新的要求，从此跨进乡村电子商务新阶段。其中“淘宝村”的形成时期相对较长，甚至可以追溯到“淘宝网”上线之前的2002年，那时最早触网的农民先驱开始花钱请人建立网站，将自己的产品放到网上，从网上获得订单。“淘宝网”上线之后，这些农民以及一部分返乡青年，在贫困或边远的农村，利用“淘宝网”开店创业，走上农村电子商务的轨道。他们的行动，带动当地农民纷纷进入互联网，掀起农村网上创业的第一轮高潮。经过约10年艰苦曲折的努力，我国东部、南部、华北、华中、西北、东北等地涌现出聚集众多农民网商的新型村庄，他们在“淘宝网”上的交易规模日益猛增，成为互联网在农村应用的突出亮点。2013年，阿里巴巴集团对全国农村网店的交易情况进行调查，发现一批具有代表性的网店村落，通过分析和挖掘，最后形成全国第一份《中国“淘宝村”现状调研报告》，首次将这些网店村落正式命名为“淘宝村”。此后，“淘宝村”迅速在各地农村发芽开花，每年都有新的村落进入“淘宝村”队列，中西部也相继填补空白，新进地区积极到先进地区考察学习，“淘宝创业”在农村蔚然成风。京东、苏宁、唯品会等知名电子商务平台也不甘示弱，强力渗透农村电子商务领域，为“淘宝村”类“电商村”增添丰富色彩，为国家出台“电子商务进农村”计划奠定事实基础。

2014 年 7 月 24 日，财政部、商务部发布《关于开展电子商务进农村综合示范的通知》，明确部署在全国选择部分地区开展电子商务进农村示范，将“淘宝村”经验推广到县域层面，走上政府引导农村电子商务应用的新路，迎来农村电子商务“示范 + 建设”的高潮。

2015 年 10 月 31 日，国务院办公厅发布《关于促进农村电子商务加快发展的指导意见》，首次将“农村电子商务”以文件形式确定下来，清楚地表明“农村电子商务”不等于“淘宝村”，也不是初期阶段“电子商务进农村”的涉足试水，而是扎根于农村、值得深入推广的一种可以改变农村面貌的新模式。接着，2016 年 7 月 11 日，商务部办公厅发布《农村电子商务服务规范》（试行）和《农村电子商务工作指引》（试行），就县级人民政府建设农村电子商务公共服务体系，提出 6 个方面的具体建议，促使农村电子商务进入规范发展阶段。与此同时，国务院扶贫开发领导小组办公室在全国范围启动电子商务精准扶贫行动方案，为农村电子商务赋予光荣使命，增加攻坚克难的历史重任。

2018 年 1 月 2 日，中共中央、国务院印发《关于实施乡村振兴战略的意见》，为新时代农业农村农民全面提升明确了思路。乡村振兴战略是在解决“三农”问题基础上提出的新战略，赋予新农村建设更全面、更深入和更具体的内涵，是新时代对“三农”问题的重新诠释，它源于“三农”问题而又高于“三农”问题。因此，在乡村振兴的新时期，农村电子商务也必然相应地面对乡村振兴问题做出战略调整，在乡村振兴战略中发挥更大的作用。从此，农村电子商务进入乡村电子商务发展的新阶段。

本书试图理清我国乡村电子商务发展轨迹，总结乡村电子商务发展经验，探讨乡村电子商务形成规律，梳理乡村电子商务发展模式，发现乡村电子商务存在的问题，找到乡村电子商务未来路径，为现阶段深入推进乡村电子商务提供可借鉴、易指导和便培训的参考依据。本书参考大量的采访素材、学者分析、行家见解、调查报告、国家政策和学术文献等资料，集实践、实战与理论于一体，适合从事县域农村电子商务的领导、规划、监管等工作的公务员，以及农村创业青年、大学生村官、农民网商等学习参考，适合高校教师及培训机构老师在培养乡村电子商务的研究人员、企业高管和实操人员时选作参考教材。

编著者

2020 年 5 月

目 录
Contents

第一章

乡村电子商务起点

导读

2013 年 8 月 12 日，阿里研究院在山东博兴湾头村首次发布《中国“淘宝村”现状调研报告》。报告指出，截至 2012 年，淘宝网（含天猫）上正常经营的注册地在农村（含县）的网店数为 163.26 万个，其中在村、镇一级的淘宝网店总数已经达到 59.57 万个，经营农产品的网店超过 26.06 万个。在国内发现 14 个大型“淘宝村”，包括山东博兴湾头村、河北清河东高庄、浙江义乌青岩刘村、浙江临安白牛村、福建龙岩培斜村、广东揭东锡场镇、江西分宜双林镇等，分布在浙江、河北、江苏、山东、广东、江西、福建等地农村地区。仅这 14 个村子的淘宝店总数就超过 1 万家，年销售总额超过 50 亿元，拉动的直接就业人数超过 4 万人。其中，3 个淘宝村 2012 年的销售业绩较为突出，即浙江义乌青岩刘村销售总额超过 15 亿元，江苏沙集镇销售额超过 8 亿元，山东博兴湾头村营销业绩超过 1 亿元。《中国“淘宝村”现状调研报告》的首次发布，为我国乡村电子商务发展找到一种可推广的模式，从此乡村电子商务成为政府关注领域，可以说“淘宝村”是我国乡村电子商务发展的起点。

知识架构

- 乡村电子商务起点
  - 中国“淘宝村”发展概况
  - 中国“淘宝村”概念及类型
  - 中国最早的“淘宝村”

第一节　中国“淘宝村”发展概况

一、中国“淘宝村”发展态势

阿里研究院统计数据显示，2013 年年底，国内发现 20 个左右的“淘宝村”。2014 年，“淘宝村”数量增至 200 多个，同时全国涌现了 19 个“淘宝镇”。截至 2015 年年底，我国“淘宝村”数量已达 780 个，同比增长 268%，覆盖活跃网店超过 20 万个。2016 年我国“淘宝村”突破 1 000 个。

从地域上看，2013 年，全国发现的 20 个左右“淘宝村”遍及河北、山东、江苏、江西、浙江、福建、广东等 7 个省。2014 年的 200 多个“淘宝村”主要分布在福建、广东、河北等 10 个省市。其中，浙江 62 个、广东 54 个、福建 28 个、河北 25 个、江苏 24 个，这 5 个省已发现的“淘宝村”数量在全国占比超过 90%。2014 年，中西部首次出现了“淘宝村”的身影。

2015 年，全国“淘宝村”的规模再上新台阶，全国范围内符合标准的“淘宝村”达 780 个，同比增长 268%，覆盖活跃网店超过 20 万个。这些“淘宝村”广泛分布于 17 个省、市、区，其中，浙江、广东、江苏“淘宝村”数量位居全国前三位。在中西部地区共发现 17 个“淘宝村”，在东北地区共发现 2 个“淘宝村”。湖南、江西、云南、北京、吉林、辽宁和宁夏等 7 个省、市、区首次发现“淘宝村”。国家级贫困县的“淘宝村”数量从上一年度的 4 个增加到 10 个，省级贫困县的“淘宝村”则达到了 166 个。

2016 年，全国“淘宝村”和“淘宝镇”数量分别突破 1 000 个和 100 个大关，“淘宝村”数量达到 1 311 个，“淘宝镇”数量达到 135 个，中西部和东北地区也首次出现“淘宝镇”。

2017 年 12 月，第五届中国“淘宝村”高峰论坛在山东省菏泽市举行。论坛宣布，2017 年，全国“淘宝村”数量已达 2 118 个，“淘宝镇”达 242 个，“淘宝村”活跃网店超过 49 万个，带动直接就业机会超过 130 万个。在国家级贫困县和省级贫困县，“淘宝村”数量快速增长，电子商务对扶贫发挥了重要作用。

二、全国各省市区“淘宝村”分布

2018 年 10 月 27 日，第六届中国“淘宝村”高峰论坛在江苏睢宁举行。此次高峰论坛，阿里研究院发布了《中国“淘宝村”研究报告（2018）》。报告显示，2018 年全国“淘宝村”达 3 202 个、“淘宝镇”达 363 个。江苏睢宁成为第六届中国“淘宝村”高峰论坛的典型样本。在睢宁，家具成为其支柱产业，电商成为村民增收第一动力。全县约 1/3 劳动力从事电商，2017 年电商销售额达 216 亿元，农民人均收入增量超过 50% 来自电商。

2018 年，全国“淘宝村”呈现裂变式扩散、集群化发展的特征，在东部沿海地区尤其明显。全国 3 202 个“淘宝村”广泛分布在 24 个省、市、区。浙江（1 172 个）、广东（614 个）、江苏（452 个）、山东（367 个）、福建（233 个）、河北（229 个）数量领先，合计占比超过 95%。河南“淘宝村”数量（50 个）位居中西部之首，辽宁“淘宝村”数量（9 个）位居东北地区之首。见图 1–1。

其中，山东菏泽（267 个）、浙江温州（254 个）、浙江金华（245 个）是全国“淘宝村”数量最多的 3 个城市。山东菏泽、浙江温州、福建泉州、江苏宿迁、广东广州、河北邢台分别是其所在省“淘宝村”

数量最多的城市。见图 1–2。

省市区	淘宝村数量	淘宝镇数量	省市区	淘宝村数量	淘宝镇数量
浙江	1 172	128	安徽	8	0
广东	614	74	四川	5	0
江苏	452	50	湖南	4	0
山东	367	48	吉林	4	0
福建	233	29	重庆	3	0
河北	229	27	山西	2	0
河南	50	3	广西	1	0
江西	12	0	贵州	1	0
北京	11	1	宁夏	1	0
天津	11	2	陕西	1	0
湖北	10	0	新疆	1	0
辽宁	9	1	云南	1	0

来源：阿里研究院，2018 年 10 月。

图 1–1　2018 年全国各省市区“淘宝村”“淘宝镇”数量分布

省	城市	淘宝村数量	全国排名	淘宝镇数量	全国排名
山东	菏泽	267	1	35	1
浙江	温州	254	2	20	4（并列）
浙江	金华	245	3	21	3
浙江	台州	203	4	22	2
福建	泉州	140	5	19	5
江苏	宿迁	132	6	16	8
浙江	宁波	131	7	20	4（并列）
浙江	杭州	126	8	18	6
广东	广州	125	9	11	10（并列）
浙江	嘉兴	113	10	17	7
江苏	徐州	103	11	11	10（并列）
广东	东莞	102	12	13	9（并列）
广东	佛山	98	13	11	10（并列）
广东	汕头	93	14	13	9（并列）
江苏	苏州	90	15	9	12
广东	揭阳	78	16	10	11
河北	邢台	68	17	8	13
河北	保定	48	18	7	14（并列）
福建	福州	45	19（并列）	7	14（并列）
河北	石家庄	45	19（并列）	5	15
广东	惠州	44	20	7	14 并列

来源：阿里研究院，2018 年 10 月。

图 1–2　2018 年全国“淘宝村”“淘宝镇”城市排行榜

在“2018年全国十大‘淘宝村’集群”中，浙江义乌（134个）、山东曹县（113个）、浙江温岭（97个）位居前三位。见图1–3。江苏睢宁（92个）、广东普宁（64个）、福建晋江（50个）、河北清河（27个）分别是本省最大的“淘宝村”集群。

排序	省	县（县级市、区）	淘宝村数量	特色产品
1	浙江	义乌	134	小商品
2	山东	曹县	113	演出服、木制品
3	浙江	温岭	97	鞋
4	江苏	睢宁	92	家具
5	浙江	乐清	83	电工电气产品
6	浙江	慈溪	78	小家电
7	浙江	永康	74	健身器材、五金用品
8	浙江	瑞安	71	鞋、汽车配件
9	广东	普宁	64	家居服
10	江苏	宿迁市宿城区	61	家具

来源：阿里研究院，2018年10月。

图1–3　2018年全国十大“淘宝村”集群分布

报告特别显示，“淘宝村”在促进减贫脱贫方面发挥了积极作用。全国约1/5“淘宝村”分布在贫困县，其中，43个“淘宝村”位于国家级贫困县，近600个“淘宝村”位于省级贫困县。河北平乡是国家级贫困县，“淘宝村”达18个，村民们通过电商平台将童车、自行车销往全国300多个城市。2018年，菏泽市获得“全国脱贫攻坚组织创新奖”，电商脱贫是菏泽的重要创新。2017年，菏泽全市电商受益贫困群众2.5万人，占减贫人口6.3%。菏泽曹县大集镇有32个村，均是“淘宝村”，电商带动脱贫650人，占脱贫人口的76%。2018年，菏泽43个贫困村成为“淘宝村”，均整村脱贫。

三、国家领导人考察“淘宝村”

2014~2015年，国家领导人频频考察各地“淘宝村”，凸显“淘宝村”初期发展成为热点并迅速升温。

2014 年 11 月 19 日，中共中央政治局常委、国务院总理李克强考察了浙江义乌青岩刘村——国内最早的“淘宝村”之一，引发了舆论界的广泛关注。这样的“淘宝村”发展是井喷式的，总理称赞网店在虚拟空间服务实体经济，他把这种新业态比作中国发展的“新发动机”，表示将大力推动“大众创业、万众创新”的新格局。

2015 年 1 月 20 日，时任中共中央政治局委员、国务院副总理汪洋在阿里巴巴集团董事局主席马云的陪同下来到浙江临安白牛村——一个依靠坚果炒货声名鹊起的“淘宝村”。马云回忆说，20 年前他曾经来过这个小村庄，当时对白牛村有两个印象，一是这里有特产山核桃，二是村里特别穷。如今，这里已经发生了翻天覆地的变化，特产依然是山核桃，村民却已经通过电子商务过上富足现代的生活。汪洋副总理鼓励更多大城市的年轻人像白牛村的网商一样，回家就业创业。

2015 年 9 月 24 日，时任中共中央政治局委员、国务院副总理汪洋调研江苏省睢宁县沙集镇乡村电子商务发展情况，汪洋对沙集网商取得的成绩感到高兴，沙集模式的形成非常宝贵，将来更重要的是创新和转型，要在现有政策机制和市场环境中不断摸索，寻找立足和发展之道。

2015 年 10 月 23 日，时任中共中央政治局常委、国务院副总理张高丽来到山东曹县大集镇视察“淘宝村”，先后参观了淘宝产业发展办公室和多家网商、服务商。张高丽对曹县发展“淘宝村”实现电商扶贫的实践给予了高度评价。

第二节　中国“淘宝村”概念及类型

一、“淘宝村”概念

1.“淘宝村”的定义

参考阿里研究院对“淘宝村”的划分原则，对其进行定义：是指大量网商聚集在某个村落，以淘宝网为主要交易平台，依托淘宝电子商务服务生态系统，形成规模和协同效应的网络商业群聚现象，在我国农村构成的一种新兴经济形态。

2.“淘宝村”的认定标准

“淘宝村”的认定标准主要包括以下三条原则：经营场所在农村地区，以行政村为单元；电子商务年交易额达到 1 000 万元以上；本村活跃网店数量达到 100 个以上，或活跃网店数量达到当地家庭户数的 10% 以上。

3.“淘宝镇”的定义

“淘宝镇”是指一个镇、乡或街道符合“淘宝村”标准的行政村大于或等于 3 个，即为“淘宝镇”。这是在“淘宝村”的基础上发展起来的一种更高层次的乡村电子商务生态现象。

二、“淘宝村”类型

“淘宝村”在长期的实践中逐步探索出一种“商家＋互联网销售平台＋生产作坊＋现代化物流体系”的产业发展模式，商家不但可以充分利用多种手段调动客户的积极性，更可以根据市场行情的变化来控制整个生产运营过程。按照“淘宝村”形成路径依赖为依据，将其划分为货源依赖型、产业依赖型、产业引导型和规划引进型等。见图 1–4。

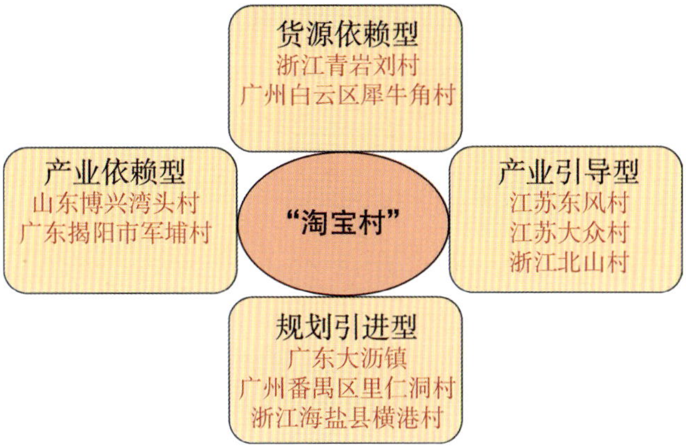

图 1–4 "淘宝村"分类及其主要案例

1. 货源依赖型

村落依赖附近充足的流通货源而发展形成的"淘宝村"。如浙江义乌青岩刘村、广州白云区犀牛角村等，这类"淘宝村"附近都有货物转运站、批发市场。浙江义乌是我国最大的小商品批发市场。青岩刘村坐落在义乌最大的货运市场——东江货运市场附近，批发市场上的货物大部分通过东江货运市场流通、转运，为青岩刘村发展淘宝市场提供了充足的廉价货源。同样，广州白云区犀牛角村附近也有沙河服装批发市场。

2. 产业依赖型

村落依赖当地特有的产业基础而发展形成的"淘宝村"。如山东滨州湾头村、广东省揭阳市军埔村、湖北省十堰市郧阳区等，这些村庄都拥有各自特有的产业资源。山东滨州湾头村集成传统柳条手工技术，能将柳条加工成各种工艺品，拥有柳条种植、加工，工艺品批发、销售等完整的产业链基础，吸引大量网商进驻村里，形成完整的电子商务产业链。同样，湖北十堰市郧阳区拥有绿松石的产业基础，广州番禺区里仁洞村依赖当地的服装和玩具产业，揭阳军埔村则得益于当地服装、玩具和果脯的生产。

3. 产业引导型

村落通过淘宝引领当地的产业变革、转型、升级，催生新的产业发展。如江苏徐州东风村、江苏宿迁大众村、浙江丽水北山村等。这类“淘宝村”的带头人率先发现淘宝商机，根据市场需求产出产品后，再通过淘宝进行销售，引领当地产业发展，形成新的产业链条。东风村的淘宝带头人从“宜家代购”中发现，宜家家具简单实用，易于拆装和包装运输，方便网络销售，因此模仿宜家家居运作模式，创办加工厂，通过淘宝销售产品，很快见到成效。探索出从商品设计、网上销售、网下加工、物流配送等一整套成熟的商业运作模式，形成围绕家具生产、加工、网络营销、配送、售后等产业活动的全新产业链。北山村集中资源打造户外用品电子商务产业链，在产业薄弱的地区创出“北山模式”。

4. 规划引进型

相关机构通过规划设计，与城镇化建设互融共进，打造产业链完善的服务平台，再有针对性地引进电子商务企业，形成集群效应明显的“淘宝村”。如广东佛山市南海区大沥镇“淘宝村”，号称全国第一家经专业规划打造电商集群的“淘宝村”，主要采取村民自愿和分红的方式筹集资金，通过专业的规划设计引进电子商务企业，进驻“淘宝村”的电子商务企业把租金交给村委会，然后由村委会每年定期给村民分红；浙江嘉兴海盐县百步镇横港村，以城镇化建设推动电子商务发展，激发当地农民产生转向二、三产业创业就业的意愿，同时提供电子商务创业的自由空间。类似的有，广州番禺区里仁洞村在附近建设电子商务产业园，配置专门的电子商务摄影工作室、融资平台、物流配送、仓储转运等各种服务平台，探索电子商务企业化、企业电子商务化、产业集群化的“淘宝村”发展新模式。

第三节 中国最早的“淘宝村”

一、义乌青岩刘村

1. 青岩刘村结缘电子商务

浙江义乌的青岩刘村与淘宝结缘于 2008 年。当时村里进行旧村改造，盖起了一幢幢居民楼。村民的住房面积大幅度增加，原本以为可以靠租房赚钱，但偏偏赶上金融危机和靠近青岩刘村的篁园市场搬迁，村民有些措手不及。考虑到大家的房子不能总是空着，村里决定开发电子商务，租房给做淘宝网店的店主，村委会选出村民刘文高全权负责这件事。

刘文高第一次接触电子商务是在 2002 年。当时他自己经营了一家企业，受国内大企业纷纷推出企业网站的启发，他也花一万多元请人制作了一个企业网站，把自家的产品摆上网络平台。网站上线第一个月，他接下 5 个订单。刘文高意识到，电子商务必将改变现有的商业格局。

2. 吸引网商的目标和需要解决的问题

靠什么吸引外来者到青岩刘村开淘宝网店？刘文高心里有一个小目标，只要带一台电脑来村里租一套房子，就能开网店做生意。或者说，从注册网店到进货、发货，包括经验传授、网店美工等，都可以在村里一站式完成。

要实现这个目标，必须解决几个关键问题。首先，做网店最怕积压货品、占用资金，而义乌是最大的批发市场，一种商品要几百甚至上千件才可以起批，这种“只批发，不零售”的模式给很多网店卖家出了难题。其次，开网店要把各种货品拍成照片，再转变成网货图像上传到网店，对文化水平并不太高的创业者来说有一定难度。

3. 解决问题，创造良好环境

刘文高为青岩刘村引进一种“网络超市”的新模式。他们在村里库存几千种货品实物，进一步将这些货品做好图片和文案。创业者入驻后，可以先把这些货品传到自己的网店上，接到顾客订单再来超市集中提货，卖多少拿多少货，不积压货品、不占用资金。商家还可以把网上热销产品的信息告知批发市场，反馈给上游网货批发商，以便及时调整采购方案。

同时，青岩刘村完善一系列产业链，引进文印店、广告公司、包装箱以及胶带供应商等电子商务的相关行业，甚至开办适合淘宝商家工作习惯的半夜餐、烧烤摊等，完善生活配套服务，让淘宝创业者不出村就能得到工作与生活的一切服务。完善电子商务服务链的关键是突破物流瓶颈，刘文高与义乌 20 多家快递公司谈判，要求他们提供最好服务和最优价格，为全村构建起强大的物流网络。

再者，村里为网商建立一个线下共享平台，大家定期聚会，分享生意经，或拼货销售。刘文高说：“刚开始发展的时候大家基本上都是蜗居经营，我们发挥大家各自的优势，把资金、货源、技术、信息都共享出来，都不去考虑个人私利。”这种开放和包容意识，让青岩刘村获得了实实在在的进步。

4. 网商聚集效应得到凸显

越来越多的电子商务商家和企业聚集到青岩刘村，达到空前的热度。刘文高回忆说：“最火的时候，一天能打包多少个包裹就能卖出多少个，有的网商一天卖四五千件，两天一个‘皇冠’就出来了。”见图 1–5。

图 1–5　浙江义乌青岩刘村网商服务中心

二、江苏沙集镇

1. “国”字荣誉从天而降

2011 年 9 月，阿里巴巴召开“第七届全球网商大会”，唯一的“最佳网商沃土奖”颁给了沙集。2010 年 12 月，江苏睢宁县沙集镇东风村被中国电子商务协会授予“中国电子商务农村创业优秀奖”。同月，“乡村电子商务暨‘沙集模式’高层研讨会”在沙集镇召开，参会的有商务部、工信部、农业部等代表，沙集镇和东风村破天荒地迎来了这些“国”字号部门的客人。一个普通的苏北小镇，一个当年的“破烂村”，因电子商务而变得不普通，因淘宝而变得不平凡。

2. “破烂村”变身“淘宝村”

沙集镇东风村不具资源优势，缺乏特色产业，“路北漏粉丝，路南磨粉面，沿河烧砖瓦，全村收破烂”，是曾经的写照。东风村支部书记王敏自嘲东风村的“破烂”史说：“东风村原来的传统产业是农副产品加工、养殖和废旧塑料加工。做废旧塑料加工的占全村比例不小，所以东风村那些年一直也被称为‘破烂村’。”

2008 年，金融风暴使得村里的塑料加工业受到很大的冲击，不少塑料加工厂倒闭，大家都在寻找新的生存之道。在孙寒等人网上创业的带动下，全村上下投入到以板材家具为主体的电子商务产业中，引导那些生意走下坡路的塑料加工产业者走上电子商务的道路。

到 2013 年，仅东风村就有 1 180 户做网商，有 200 多个加工厂。沙集镇则拥有网店 2 000 多家，除了板材家具之外，还有一些其他产业，例如养殖业等，都兼营网上销售。涌现出加工厂、零配件、板材批发、物流快递等服务业态，约 5 000 人从事与淘宝有关的工作。

3. 网商创业者功不可没

（1）“淘宝村”的领头羊——“沙集三剑客”　2006 年 3 月，东风村“淘宝第一人”孙寒花 2 000 多元买了台组装电脑，开始了“淘宝”生涯。他把手头积攒的 30 张面值 100 元的充值卡，以每张 95 元的价格挂在淘宝网上，“没想到一个晚上就卖光了”。此后孙寒又代理过小家电、创意家居，生意不温不火，好的时候一个月能有三四千元，差的时候也就一千元左右，他打起了“退堂鼓”。

2007 年，孙寒的一次上海之行，改变了自己甚至一个村庄的命运。他在上海逛街时，看到一些别致的简易拼装木质家具，猛然受到启发：能不能把这些家具放到网上卖呢？他买了几件样品回村，请木匠改进设计、加工生产，自己上网销售，第一个月就销售 10 多万元，有的产品利润率超过 50%。

“80 后”孙寒，这位东风村的“带头大哥”，曾当过群众演员，又在南京林业大学旅游管理专业读书两年，后选择退学，在南京当过保安，在上海卖过黄酒，最后应聘到睢宁县移动公司做客服经理。这些经历让孙寒眼界开阔、思想超前，他在村里率先使用印有微信公众号的名片。孙寒的淘宝运作方式主要是模仿宜家家具，生产和销售简易家具，价格只有宜家的三分之一，能够吸引大量顾客，网店生意很好。

与孙寒同时期做板式家具的，还有两人在沙集镇名声较大，他们是夏凯和陈雷，夏凯还是沙集镇中学教师。他们都选择简易拼装板式家具创业，被大家称为淘宝“三剑客”。经历一段时间摸索之后，“三剑客”的生意越来越好，并很快形成带动效应，村里人都向“三剑客”取经学习，“三剑客”的生意模式也被快速复制。

（2）从“破烂王”转身成为网商——刘超、王朴、王跃　2008 年，45 岁的刘超正从事废旧塑料加工回收，听说村里有人在网上开店，就让上过大学的弟弟帮着开了一个。刘超在网上开店 4 个月后，浏览到更多信息，扩大了人际交流面，意识到国际金融危机即将来临，加之网店利润率可达 40%，于是果断退出废旧塑料加工回收行业。他卖掉废旧塑料回收加工设备，成为村里第一个将设备出手的人，转为专职开网店。此后塑料行情一蹶不振，网店开始在村里星罗棋布。

他回顾说：当年的选择是这半辈子做出的最明智决定。刘超小学文化，开网店之前，连电脑键盘都没摸过，他说："刚开始跟买家聊天，我打字都紧张，过了一个月，慢慢就适应了。"说明技术障碍并不能阻挡村民开网店成为网商。

王朴、王跃兄弟开办了东风村最大的家具加工企业。两兄弟一人负责工厂生产，一人负责网店销售，年营业额达到500万元。王跃，初二辍学，开过蛋糕店、当过厨师，当时正从事废旧塑料回收加工。他受孙寒开店启发，从试试看，到几天内赚了1 000多元，亲身体验到电子商务比回收塑料强多了，毅然转行做网商。

4. 电子商务服务链初步形成

到2011年年底，沙集镇带动1 000多户做网店，营业额超过3亿元。成立睢宁县电子商务协会，吸引同行会员加入，制定同行制度，统一采购板材和配件，降低采购成本。东风村出现物流一条街，拥有20多家物流和快递公司，每天6点半发出各种货柜车、各种物品，使500米左右的大街拥挤不堪，街边上小卖部、临时加油车和小饭店生意兴隆，围绕电子商务形成服务链。见图1–6。

图1–6　江苏沙集镇成为"中国淘宝第一镇"

三、山东湾头村

1. 编出美丽乡村，淘来幸福生活

山东博兴县锦秋街道湾头村位于山东省北部，距博兴县城约 3 千米，拥有 1 700 余户、6 000 多人。湾头村水资源丰富，适宜野生芦苇、蒲草的生长。这些植物的茎叶都可作编织材料，因而大部分村民都做草柳编生意，原来都是以传统方式进行营销。

2006 年，湾头村诞生了第一批网店。网店比实体店信息传递快、覆盖面广、成本低，明显的优势使村里形成了“淘宝热”，开网店的人数和销售额也越来越多。村民贾培晓是湾头村最早在淘宝开网店的人，他创立的“目暖家居草编旗舰店”，产品全部在网上销售，网店一天最多有 5 000 多份订单，2012 年网店销售额达到 300 万元。此后，贾培晓家里购买了 12 台电脑，雇用 10 多人专门负责网上交易和售后服务等。

“编出美丽乡村，淘来幸福生活”是湾头村刷在墙上的一条标语，真实反映出村里的淘宝景象。到 2013 年年底，湾头村已经有 500 多户在做淘宝，其中 20 多家年销售额在 100 万元以上，有 3~4 家淘宝农户每月订单在 1 000 笔以上，草柳编产品销售额近 1 亿元。

2. 奥运会名声大震，草柳编重获新生

2008 年北京奥运会之后，村里的草柳编工艺突然火了起来，全国都能看到山东草柳编产品，博兴草柳编成了消费者争相选购的礼品。草柳编跨入北京奥运会的快车道，迅速被外界熟知，引起外出打工年轻人的重视，很多在城里打工的“80 后”“90 后”青年都返乡创业。

周某是村里最先“觉醒”的一批人，他说：“以前村里没有加工

厂，都是村里信息比较灵通的人在外面跑订单，跑来后便组织村里老人妇女一起编制商品。”周某因跑保险业务结识到一些人脉，在高人指点下，2008 年他率先开办了草柳编加工厂，2012 年收入达 200 余万元。到 2013 年年底，村里其他人开办了七八家加工厂，有做外贸、做贴牌的等。随着草柳编的复兴，掘金草柳编工艺的人越来越多，运输、包装等相关产业也在村里兴起，村民们都在分享草柳编工艺复兴带来的红利。

3. “嫁接”电子商务，打造草编“硅谷”

湾头村大街上，红砖瓦房，绿荫成行，墙上标语处处彰显信息化时代的巨大变化。“在外东奔西跑，不如在家淘宝”“编出美丽乡村，淘来幸福生活”……此类宣传标语随处可见。村民说：“国内外对于草柳编织品的认可和喜爱，让这个传统手工艺得到了复兴，得益于电子商务。”淘宝的兴起让湾头村农民从手工加工角色升级为销售者，改变了当地草柳编的产业模式。

2008 年，湾头村网店开始大规模地涌现。1989 年出生的安某，毕业后在城里找不到合适的工作，2011 年回到村里开网店，2012 年销售收入 100 多万元。随着人们对草柳编的认知提高，网上生意越来越红火，在淘宝上输入“湾头村”就会搜索到上万条草编宝贝任客户挑选，依托人流、物流、信息流，湾头村成了草编工艺集散地，俨然变为行业“硅谷”。

四、“淘宝村”出现的社会条件

1. 淘宝网成为网商平台

淘宝网于 2013 年 5 月正式上线，2013 年 10 月推出支付宝，2014 年 6 月再推阿里旺旺，至此形成基本完善的电子商务交易、支付和交流功能体系。加之淘宝免费开店，为个体注册开店运营扫清了技术、安全、信任和支出等一系列障碍，成为商贸创业者的最佳互联网平台之一。

2004 年，阿里巴巴集团举行第一届网商大会，申明网商群体是社会发展的一股新生力量。此次大会重点表彰阿里巴巴 B2B 平台的企业网商，格兰仕集团海外部是典型代表，表明沿海一些传统商贸企业的外贸业务通过 B2B 平台实现交易，阿里巴巴及其淘宝网成为网商创业和发展所依托的平台。之后，每年举行一次网商大会，到 2016 年共举行 11 次网商大会。

2.“淘宝村”产业环境适宜

目前，“淘宝村”的形成与下列产业环境紧密相关：

（1）商贸与物流业环境　“淘宝村”周边拥有大型的商贸批发市场或专业市场，为网商创业提供丰富的货源选择空间。一般商贸批发市场或专业市场同时具备物流仓储和运输条件，交通相对便利，网商创业无须自建物流体系。

（2）优势特色产业环境　“淘宝村”原来拥有自己的特色产业并形成一定范围的知名度，网商创业可以直接依托村里的特色产品，将特色产品的市场规模进一步扩大。

（3）传统产业密集环境　江苏睢宁县沙集镇东风村虽然缺乏特色产业，它却坐落在传统产业密集的沙集镇，传统产业肥沃的土壤孕育出“守法、守信，向善、向上”的好民风和互助产业链，也能为网商创业创造条件。

3.“淘宝村”自身条件具备

“淘宝村”的形成与下列自身条件之一相关甚密：

（1）廉价富余的房屋　在国家城乡统筹的进程中，许多农村地区新建了村庄，让农民集中住进新房，同时农民拥有足够富余的房屋。这些房子大多由农民自主出租甚至转让，而且价格便宜，成为网商创业聚集的有利场所。说明网商创业需要廉价的房屋，既满足生活住宅需要，同时可供创业经营所用。

（2）淘宝创业探路人　在义乌青岩刘村、江苏沙集镇、山东湾头村 3 个案例描述中，青岩刘村有刘文高率先触网，沙集镇东风村有孙寒等领头创业，山东湾头村则有周某等最先“觉醒”的一批人。此外，其他“淘宝村”也都有类似的先行者。他们一般都接触外界较多，见识广，思想开放、精力集中、身先士卒，他们努力后的成功能带动全村更多人投入电子商务中。

（3）全村上下齐建设　在探路人的带动下，网商、网店和网货规模越来越大，这时需要村委会甚至镇政府、县政府，有目的、有规划地组织统一的电子商务服务，包括检验、仓储、包装、运输等，形成县域、镇级或村级全程电子商务服务体系，吸纳广大村民参与电子商务服务，有力地支撑网商创业，并与网商共同分享电子商务成果。见图 1–7、图 1–8。

图 1–7　山东湾头村淘宝网店第一人——贾培晓

图 1–8　山东湾头村刷墙标语

第二章

电子商务进乡村

导读

2014年7月，财政部、商务部发布《关于开展电子商务进农村综合示范的通知》，提出加快电子商务在乡村的推广应用，并决定从通知发布之日起，在全国选择部分地区开展电子商务进乡村示范。2014年年底，在全国范围通过竞争性方式，选出电子商务进乡村综合示范县56个，全面开启我国电子商务进乡村示范工作。2015年7月，继续遴选出全国电子商务进乡村示范县200个。2015年11月，国务院印发《关于促进农村电子商务加快发展的指导意见》，并会同商务部、财政部安排中央资金48亿元，支持256个示范县发展乡村电子商务，包括2014年的56个电子商务进乡村示范县和2015年的200个，平均每个电子商务进乡村示范县能获得约2 000万元的财政资金支持。其中，重点支持中西部地区，包括国家扶贫开发重点县和集中连片贫困县103个。2016年7月，再次推选出全国电子商务进乡村示范县240个。2017年确定260个示范县，其中国家级贫困县237个，重点贫困和欠发达革命老区县23个。2018年新增示范县260个，其中国家级贫困县238个（含“三区三州”深度贫困县64个），欠发达革命老区县22个。至此，全国已累计支持电子商务进乡村综合示范县1 016个，覆盖国家贫困县737个，占国家级贫困县总数的88.6%，其中支持深度贫困县137个。

知识架构

- 电子商务进乡村
  - 电子商务进乡村总体思路，原则及目标
  - 电子商务进乡村主要任务及核心价值
  - 电子商务进乡村发展与建设基本要素

第一节　电子商务进乡村总体思路、原则及目标

一、电子商务进乡村总体思路

《关于开展电子商务进农村综合示范的通知》（以下简称《通知》）中提出的总体思路是：按照工业化、城镇化、信息化、农业现代化总体要求，以农村流通现代化为目标，通过电子商务示范县建设，着力解决电子商务进农村过程中的突出矛盾和问题，创造良好的发展环境，推广典型经验，形成示范效应，引领电子商务在乡村更大范围推广和应用，促进乡村现代市场体系进一步完善。

解读

从总体思路看，国家将电子商务进乡村作为工业化、城镇化、信息化和农业现代化的一部分，针对乡村流通环节解决电子商务进乡村的障碍，以电子商务作为完善乡村现代市场体系的必要手段，其主要载体或形式是建设电子商务示范县。

二、电子商务进乡村原则

《通知》对电子商务进乡村提出以下四条基本原则：

1.市场为主，政府引导

充分发挥市场机制在乡村电子商务发展中的决定性作用，突出企业的主体地位。政府主要通过完善政策、创新机制、搭建平台等，为电子商务在乡村的发展创造良好环境。

2. 统筹规划，创新发展

将电子商务进乡村作为乡村市场体系建设重要引擎和城镇化建设的重要产业支撑，统筹规划；积极推进流通技术创新、管理创新和监管机制创新，全面提升农村流通现代化水平。

3. 以点带面，重点突破

先行先试、集中力量解决乡村电子商务发展中的突出矛盾和问题，务求实效；总结经验，不断提升示范效应，形成推广机制。

4. 因地制宜，突出特色

结合各地区乡村经济、社会发展水平和人文环境，因地制宜，因县而异，探索适合本地乡村电子商务发展的路径，形成各具特色的电子商务进乡村发展模式。

解读

上述原则仍然强调市场主导推进电子商务进乡村工作，企业是主体，政府则应当从建设环境等方面进行引导，并做出统筹规划。还强调，既要全面在各地推进电子商务进乡村工作，又要各地做出特色。这些原则调动了各地政府积极规划电子商务发展方向，争创电子商务进乡村示范县。但是，由于大多数地区农村缺乏电子商务人才等关键基因，未能把握电子商务发展规律，导致各地照搬一种或几种模式，造成电子商务进乡村同质化现象出现，各地电子商务特色有待进一步探索。

三、电子商务进乡村发展目标

《通知》明确电子商务进乡村的目标是：三年内，在全国创建一批具有典型带动作用的示范县，推动电子商务政策、制度等在局部地区取得突破性进展；电子商务在促进乡村经济发展、推进城镇化进程、提高农产品商品化率、方便农民生产生活方面取得明显成效。示范县电子商务交易额在现有基础上年均增长不低于30%，占当地消费品零售额的比重明显上升，电子商务物流成本有所下降，乡村流通现代化水平显著提高。

解读

这个目标回答了本章导读中为什么国家要连续三年推选电子商务进乡村示范县。同时，要求示范县制定各自推动电子商务发展的政策和制度，要切实让电子商务在促进乡村经济发展、推进城镇化进程、提高农产品商品化率和方便农民生产生活方面发挥显著作用，为电子商务进乡村工作提出总体考核标准。

第二节　电子商务进乡村主要任务及核心价值

一、电子商务进乡村主要任务

1.健全乡村电子商务支撑服务体系

结合新型城镇化建设，整合利用农村现有乡镇商贸中心、配送中心等流通网络资源，充分发挥乡镇商贸中心的销售、配送、金融、邮政、电信、家电维修等服务功能，建立健全适应乡村电子商务发展需要的支撑服务体系。完善农村物流配送体系，发展电子交易、网上购物、在线支付协同发展的物流配送服务。完善面向农村的综合物流信息服务平台，推动第三方配送、共同配送在农村的发展。

2. 扩大乡村电子商务应用领域

扩大电子商务在工业品下乡和农产品进城的双向流通网络中的应用，实现线上与线下交易的融合。重点依托已有电商平台，支持社会青年和大学毕业生创办电子商务企业或开展网络销售，扩宽农产品销售渠道，带动农业生产的组织化与标准化。加快农村商业网点信息化改造，完善网购、缴费、电子结算和取送货等服务功能，打通乡村电子商务“最后一公里”。

3. 提高乡村电子商务应用能力

提高基层政府、农业企业、合作社和农民推广应用电子商务水平。多渠道培训乡村电子商务从业人员，增强农民利用信息化手段开展电子商务的能力。

4. 改善乡村电子商务发展环境

建立有利于电子商务发展的财政、金融、土地、收费等政策体系。制定适应电子商务发展需要的标准、信用制度等。

二、电子商务进乡村支持重点

支持供销合作社、邮政以及大型龙头流通企业、电商企业建设改造乡村电子商务配送及综合服务网络，完善服务功能。支持开展乡村电子商务培训。

三、主要任务及支持重点分析

在主要任务中，首次在国家政府文件中出现乡村电子商务提法，将电子商务进乡村做了进一步凝练，为后续出台乡村电子商务系列政策做好铺垫。

《通知》将健全乡村电子商务服务支撑体系放在首位，强调充分利用现有农村的商贸及配送等流通系统，对其进行整合和改造，使之适应电子商务上行和下行的需要，同时重点对农村物流配送系统及其信息服务平台进行完善。这个任务说明农村物流配送系统对电子商务进农村至关重要，各地政府在引导电子商务发展时，必须调查农村物流配送问题，支持企业投入这方面的建设，突破电子商务进乡村的瓶颈。

《通知》在扩大乡村电子商务应用领域的任务中，明确“工业品下乡和农产品进城双向流通”（即“上行和下行”）是电子商务进乡村的主渠道，社会青年和大学毕业生创业是电子商务推广应用的主体，目的是带动农业生产组织化和标准化程度进一步提高。现实情况启示我们，要充分利用供销社、邮政、农资企业等现有乡村物流渠道，打造电子商务工业品下乡物流系统，而农产品进城的物流通道则需要整合社会资源进行重新建设；吸引返乡青年、招募大学生创业和培养本地农民转型为网商，是电子商务进农村主要依托的新生力量。

由此，《通知》在提高乡村电子商务应用能力和改善乡村电子商务发展环境的任务中，相应地提出各级政府和各种经济组织要不遗余力地推广应用电子商务，形成深厚的电子商务产业土壤，包括各行业对电子商务的需求、政府引导电子商务发展的政策规划、财政金融与土地收费等方面的倾斜支持，以及信用、标准和统计方面的健全管理等，都是影响电子商务创业的重要因素。最后，落实到重点支持的领域只有两个：一是支持“上行和下行”渠道的建设，及支持供销合作社、邮政以及大型龙头流通、电商企业建设改造乡村电子商务配送及综合服务网络；二是支持乡村电子商务培训。可见，国家层面认为，在电子商务进乡村的初期阶段，双向渠道建设和电商人才培养最为重要。

四、电子商务进乡村核心价值

2015 年 5 月 12~14 日，全国农村电子商务现场会在遂昌县召开，商务部、财政部、农业部、国务院扶贫办、共青团中央、供销总社，各省、自治区、直辖市、计划单列市及新疆建设兵团商务主管部门负责人，中国邮政、阿里巴巴、京东、苏宁、联想等的负责人和中央电视台等各大媒体 200 余人参加。会议发布了《关于做好 2015 年电子商务进农村综合示范申报工作的通知》，将示范省县由 2014 年 8 个省 56 个县增加至 25 个省 200 个县。根据各地情况，申报数量可上下浮动 10%，革命老区占比 60%，既是革命老区又是国家级贫困县或者集中连片特困县的优先支持。

根据会议交流、调查和访谈，县域电商发展联盟秘书长王盛发表《关于电子商务进农村的思考——国家利益与核心价值》。他认为，电子商务进乡村的国家利益在于：当前普及电子商务应用、便民服务、解决创业就业和增加农民收入、促进产业升级；将来形成采集应用数据、政务服务数据、生产力数据、生产资料数据等基于城乡一体化服务的大数据体系；最后依托大数据分析，对农村提供更精准的服务，指导生产建设和调整产业结构更为合理，为国家制定农村相关政策提供更合理的依据。在全国范围内，实现从南到北、从东到西的跨地区生产力、生产资料的调配协作，呈现“互联网 + 生产”的全新协作模式，电子商务进乡村带来的全新变革将使乡村更美好、农村居民生活质量和幸福指数进一步提高。

由此得出电子商务进乡村的核心价值，主要体现在 3 个方面，也可描述为电子商务进乡村实际发展的3个阶段：第一阶段，重心在渠道建设和电子商务普及应用，夯实资源存量与经济增量的基础，提升本地资源的市场竞争力，产业链与供应链改造，农产品网销创新，传统商贸流通与乡村电子商务应用结合，提供创业就业新机遇；第二阶段，服务延伸信息采集、统一管理数据接口和优化生产关系；第三阶段，工作重点将放在数据模块整合与大数据应用层面。目前，浙江遂昌、贵州铜仁、安徽怀远、江西分宜和河南登封等地区正处于第一阶段建设中，充分体现这一阶段电子商务进乡村的核心价值内容。归纳起来，电子商务进乡村的核心价值主要在于推动电子商务扶贫、工业品下行、农产品上行和农村创业就业，见图2-1。

图2-1 电子商务进乡村核心价值链

在明确电子商务进乡村的核心价值基础上，王盛还提出电子商务进乡村要建立六大公共服务体系，包括“人才培育普及应用的教育培训体系”“电商换市思维武装的产品培育体系”“普及应用服务农村的三级服务体系”“冷链物流双向流通的硬件基础设施”“服务三农激活市场的农村金融体系”和“数据收集科学规划的区域数据体系”。这与后来国家出台乡村电子商务服务规范相互呼应。

第三节　电子商务进乡村发展与建设基本要素

2014 年 7 月 3 日，首届中国县域经济与电子商务峰会在浙江杭州阿里巴巴西溪园区隆重召开，会议主题是“小县域，大影响”，见图 2–2。

图 2–2　首届中国县域经济与电子商务峰会主题词

全国 179 个县域领导和代表济济一堂，共同探讨县域电子商务的发展，阿里巴巴集团创始人马云到访浙江省丽水市遂昌县，与会议代表共同商讨乡村电子商务发展问题。会上，通过总结经验，形成以下主要认识，即在县域电子商务发展中，需要建设“一个中心”、提供“两个服务”、强化“三个支撑”、打造“四个体系”、处理“五个关系”，构成县域电子商务发展与建设的基本要素，见图 2–3。

一、建设“一个中心”

在县域电子商务发展过程中，政府、平台、网商、供应商、服务商 5 个主体组成部分需求网状交织在一起，需要一个强有力的平

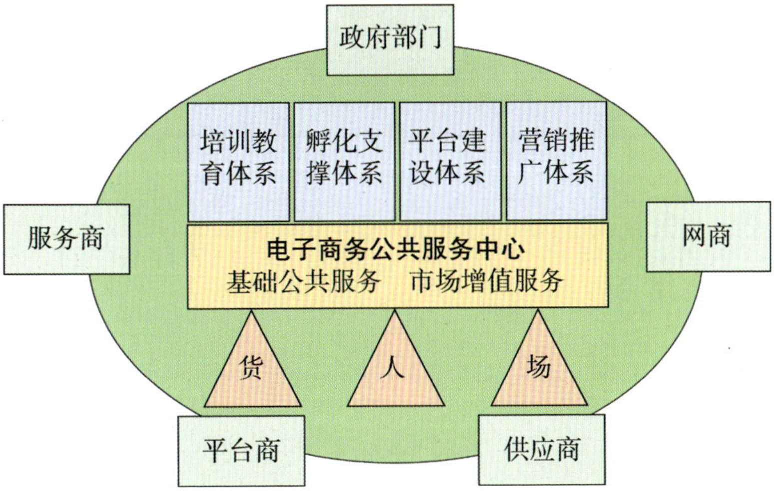

图 2-3　县域电子商务发展与建设基本要素

台作保障。针对各种主体的不同需求、角色定位和制约因素，从政策、市场、人才、项目、推广和服务等方面加以整体协调，这就导致区域电子商务公共服务中心应运而生。通过一个电子商务公共服务中心理顺关系、协调资源，根据电子商务进乡村阶段性需求，因地制宜、因时制宜地承载资源和合理建设推进。

二、提供“两个服务”

1. 电子商务基础公共服务

电子商务服务是一个全新的服务业态，既与传统的基础公共服务、社会公共服务、经济公共服务、公共安全服务不同，又离不开这些公共服务。电子商务服务涉及基础公共服务的培训教育、孵化支撑等，经济公共服务的营销推广、地标树立等，社会公共服务的解决就业、城乡统筹等，公共安全服务的食品卫生安全、网络公共安全等。

2. 电子商务市场增值服务

在乡村电子商务普及应用和网络销售过程中，诸如代买代卖、包装设计、文案写作、代运营等属于市场化运作的部分，应当列入增值服务。

三、强化“三个支撑”

电子商务进农村离不开“三个支撑”：一是有具体做事的人，二是有能流通的货，三是有办公的场地。充分利用人、货、场的延伸，服务创业就业、促进产业升级、提高运营效率，加快城镇化建设和农村信息化应用是关键。

1. 人

以培育和转化大学生村官、农村创业青年为主。这一类人员具有较高的文化素质，也懂得农村的实际需求，可以很好地服务农村长居人群、服务乡村电子商务。他们对电子商务也有一定的认识和了解，通过教育培训来改变思维模式、提高职业技能。立足农村、服务农村。

2. 货

好产品到好网货是一个转换的过程，是一个需要从产品描述、照片拍摄、文案撰写、物流包装等不同阶段进行数据化的过程，需要符合网络消费群体的消费行为习惯，解决卖出去的问题。对产品的品质、价格、物流时间、成本核算需要有一定甄别能力，以解决买的问题。

3. 场

这里所说的场不是一个具体的办公场地，而是以服务中心为核心网状分布的场。互联网的场在各大第三方平台，通过鼓励开设网店、与第三方平台合作，善用现有的平台更好地解决卖的问题。乡镇村一级的代购网点、电子商务服务点是县域内部的网，利用农村人群自然集聚地、村头、服务社更好地服务农村群体，解决买的问题。

四、打造“四个体系”

“四个体系”:培训教育、孵化支撑、平台建设、营销推广。

1.培训教育体系

公共服务培育主体对象是政府、供应商和网商。

（1)政府　关于政府在县域电子商务发展过程中的地位和作用，时任淳安县副县长郭东晓这样讲解：“电子商务是一种工具，政府要学会合理使用工具,区域电子商务的发展要避免职能部门焦虑症。区域电子商务的发展不是一蹴而就的，需要在合适的时候、合适的时间节点给予最合理的政策指引和资源对接。”

（2）供应商　农业企业的电子商务升级转型需要企业负责人、部门经理、工作人员自上而下的思维转变，否则就会“脑袋转了身子没转”“身子转了腿没转”的局面。

（3）网商　需要开展创业班、提升班、专业班、精英班、沙龙、论坛等一系列不拘形式的培训或交流。针对农村网商知识程度的差别情况,需要设计和提供不同类型、不同层次、不同方式的培训课程，才能满足网商们的复杂需求，符合用户价值。

2.孵化支撑体系

网货供应平台、电商创业大楼、网商培育支撑团队、企业产品设计团队等都是孵化支撑工作的具体表现形式,核心是以公益为主、市场为辅。非人力或者设计人力成本较少的需求服务是公益性服务，设计投入人力、物流较多的应当遵从市场化行为去实施。

3.平台建设体系

特色馆、产业带的建设是区域电子商务发展的有效呈现，是区域电子商务发展的合理闭环。通过特色馆、产业带的建设来倒逼区域电子商务发展，是理顺政府工作机制、提升区域电子商务运营能力、树立区域电商产品（产业）地标的有效手段。

4. 营销推广体系

在电子商务市场"跑马圈地"，树立区域产业地标品牌，实现区域落差"弯道超车"，将传统、产业及节庆品牌与电商进行延伸推广。单品突破是增强区域电商发展的有效方法。通过营销推广树立区域品牌文化、协同产业发展，进而孵化帮助网商，是合理的区域电商发展思路。

五、处理"五个关系"

区域电子商务的发展实质是职能部门、平台、网商、供应商、服务商 5 个参与组成部分的合作，五者之间的紧密度、协调度是区域电子商务发展的关键因素，处理好这五者之间的关系能有效地帮助县域电子商务快速发展。

电子商务专家李琪教授提出，县域电子商务发展需要"五力协同"，与上述 5 个参数的说法有相同的内涵，它们都是指把社会各方面的力量动员起来，积极投入县域电子商务建设之中，才能将电子商务进乡村工作开展起来。如果仅凭哪一方面的力量，是做不好电子商务进乡村工作的。这是因为电子商务进乡村本身是一项复杂的系统工程，需要以工程的组织和实施方式加以推进。

"五力协同"是指政府、产业、学校、研究机构和用户（简称"政、产、学、研、用"）五方面的力量组织在一起，协同推进县域电子商务和乡村电子商务。如果不能做到"五力协同"，就不容易协调基层电子商务的参与对象、产业资源和利益关系，不利于县域基层把分散的电子商务要素（人力、技术、资金、产品、设施、物流、场地、住房、交通、旅游等）整合在一起，致使县域基层电子商务难以深入推进。许多村级电子商务发展过程说明，乡村电子商务需要全村、全镇甚至全县的各方力量来为电子商务搭台，各种社会要素都能转化为支撑乡村电子商务发展的动力，最终电子商务会反哺农村经济。

第三章

乡村电子商务指导与规范

导读

2015 年 10 月 31 日，国务院办公厅印发《关于促进农村电子商务加快发展的指导意见》（以下简称《指导意见》），首次将“农村电子商务”以文件名的形式加以明确，完成了从“淘宝村”到“电子商务进农村”，再到“农村电子商务”概念和内涵的过渡，清楚地表明“农村电子商务”不等于“淘宝村”，也不是初期阶段“电子商务进农村”的涉足试水，而是扎根于农村、值得深入推广的一种可以改变农村面貌的新模式。因此，《指导意见》首先明确“农村电子商务是转变农业发展方式的重要手段，是精准扶贫的重要载体”，确立了农村电子商务在农业和扶贫领域的重要地位。此后，《指导意见》从指导思想、发展目标、重点任务、政策措施和组织实施 5 个方面阐述国家推进乡村电子商务的总体战略思路，为迈向全面化的乡村电子商务搭建了更高的平台。

知识架构

- 乡村电子商务指导与规范
  - 国务院关于乡村电子商务发展的指导意见
  - 乡村电子商务服务规范
  - 乡村电子商务工作指引

第一节　国务院关于乡村电子商务发展的指导意见

一、指导思想

《指导意见》提出的指导思想是：全面贯彻党的十八大和十八届三中、四中、五中全会精神，落实国务院决策部署，按照全面建成小康社会目标和新型工业化、信息化、城镇化、农业现代化同步发展的要求，深化农村流通体制改革，创新农村商业模式，培育和壮大农村电子商务市场主体，加强基础设施建设，完善政策环境，加快发展线上线下融合、覆盖全程、综合配套、安全高效、便捷实惠的现代农村商品流通和服务网络。

解读

在上述指导思想里，沿用了2014年财政部和商务部发布的《关于开展电子商务进农村综合示范的通知》中关于总体思路的提法，即将乡村电子商务作为工业化、信息化、城镇化和农业现代化的一部分，同时进一步提出培育和壮大乡村电子商务市场主体，把电子商务市场与乡村流通体制改革、乡村商业模式创新融合在一起。充分认清乡村电子商务本质是向乡村引入网络市场，改变乡村消费和销售方式，促使落后的商业模式和流通机制同步得到改进。

二、发展目标

《指导意见》提出的目标是：到2020年，初步建成统一开放、竞争有序、诚信守法、安全可靠、绿色环保的乡村电子商务市场体系，乡村电子商务与乡村一二三产业深度融合，在推动农民创业就业、开拓乡村消费市场、带动乡村扶贫开发等方面取得明显成效。

解读

上述发展目标中对乡村电子商务市场体系做了明确的限定，即这个体系应该是统一开放、竞争有序、诚信守法、安全可靠和绿色环保的，其中竞争有序、诚信守法和绿色环保对于刚刚兴起的“淘宝村”模式更具有现实意义。此外，提出乡村电子商务与农村一二三产业深度融合，阐明电子商务在县域经济发展中具有广泛的推广性。

三、重点任务

《指导意见》从3个方面提出了乡村电子商务发展的重点任务：

1.积极培育乡村电子商务市场主体

充分发挥现有市场资源和第三方平台作用，培育多元化乡村电子商务市场主体，鼓励电商、物流、商贸、金融、供销、邮政、快递等各类社会资源加强合作，构建农村购物网络平台，实现优势资源的对接与整合，参与乡村电子商务发展。

2.扩大电子商务在农业农村的应用

在农业生产、加工、流通等环节，加强互联网技术应用和推广。拓宽农产品、民俗产品、乡村旅游等市场，在促进工业品、农业生产资料下乡的同时，为农产品进城拓展更大空间。加强运用电子商务大数据引导农业生产，促进农业发展方式转变。

3. 改善乡村电子商务发展环境

硬环境方面，加强乡村流通基础设施建设，提高乡村宽带普及率，加强乡村公路建设，提高农村物流配送能力；软环境方面，加强政策扶持，加强人才培养，营造良好市场环境。

解读

显然，培养乡村电子商务市场主体是重中之重，主要体现在"电商、物流、商贸、金融、供销、邮政、快递等各类社会资源"的构建和重组。其中，电商、物流和金融资源是乡村原来没有或缺乏的，需要新建；商贸、供销、邮政、快递是乡村传统的社会资源，但是目前不能很好地适应电子商务要求，需要对这些渠道资源进行整合、重组，让它们在乡村电子商务中焕发活力。只有将乡村电子商务市场主体这个平台建立起来之后，才可能将电子商务渗透到农业和工业的应用中去。

图 3-1　乡村电子商务刷墙标语示例

第二节　乡村电子商务服务规范

一、乡村电子商务服务规范总体要求

1. 建设范围

《农村电子商务服务规范（试行）》（以下简称《服务规范》）就县级人民政府建设乡村电子商务公共服务体系，提出了六方面的具体建议，并对功能、建设和服务等要求进行了系统阐述，便于开展乡村电子商务的县级人民政府和相关企业参考。《服务规范》并非强制性要求，各地可结合自身实际情况，进行调整、优化和完善。

各县级人民政府发展乡村电子商务要坚持“企业为主、政府推动、市场运作、合作共赢”的原则，搭建综合性的县域乡村电子商务公共服务体系，包括县级乡村电子商务公共服务中心（以下简称公共服务中心）、乡村电子商务培训体系、乡村电子商务物流体系、农产品电子商务供应链管理体系、乡村电子商务营销体系和乡村电子商务服务站体系。

2. 建设目的

《服务规范》对“六个体系”的建设目的作了阐述：

第一，通过县级乡村电子商务公共服务中心建设，整合各方资源，构建培训、物流、乡村服务站、乡村产品营销和供应链体系，解决理念、创业培训、氛围营造、农产品销售、O2O 农村消费等问题。提供公共仓储、代发货等基础服务；加强品控，制定标准，建立农产品供应链上行体系；推动政府制定相关配套政策，整合资源，协助乡村群众对接政府相关职能部门及第三方服务商（如物流、金融）

等，让有意参与乡村电子商务发展的企业、农户等市场主体能在公共服务中心找到所需要的相应服务。

第二，通过乡村电子商务培训体系建设，提供公益性和市场化相结合的电子商务理论及实操培训，提高乡村群众电子商务技能。有计划地培养一批理论和实践能力强的乡村电子商务专业人才，提高新型农业经营主体电子商务应用能力。

第三，通过乡村电子商务物流体系建设，整合县域现有的物流资源，力争实现资源的合理化配置，为乡村群众提供快递收发、本地物流配送等服务，为实现“工业品下乡、农产品进城”双向流通奠定基础。

第四，通过农产品供应链管理体系建设，为县域内从事乡村电子商务的群众提供产地预冷、集货仓储、分拣包装、冷链运输、质检追溯等公共服务，指导农民开展标准化生产并根据消费需求变化及时调整生产结构。

第五，通过乡村电子商务营销体系建设，为乡村群众提供活动策划、产品包装设计与视频拍摄、代运营、分销体系建设等服务，指导创建自有品牌，积极推动“三品一标”“一村一品”农产品网上营销。

第六，通过乡村电子商务服务站体系建设，突破乡村信息瓶颈，为乡村群众提供在线购物、销售、缴费、出行、娱乐、资讯、创业等服务，方便农民生产生活，促进农村消费，带动乡村产品销售，促进农民增收，搞活乡村经济。

二、县级乡村电子商务公共服务中心

1. 公共服务中心的机制和形式

为什么要建设乡村电子商务公共服务中心？《服务规范》说明：

在乡村，由于受地域、文化、配套设施等因素影响，互联网应用难度较大，必须主动推进。清楚地表明，建设“公共服务中心”是主动推进乡村电子商务的必要手段，否则如果按其自行发展，乡村电子商务很难快速突破。《服务规范》进一步说明公共服务中心建设时的采购方式是：采取政府购买服务形式运行，通过公开招标的形式交由具备运营经验及条件的企业运营管理，定期重新招标。其运行维护的方式是：由政府招聘一批熟悉电子商务运作的人员，成立或指定专门工作机构，负责运营管理。

公共服务中心建成后究竟其功能和形式是什么？《服务规范》说明：应扎根于农村，服务于政府、企业及农民，建设线上线下融合的公共服务体系，提供技术支持、培训孵化、产品对接、品牌建设、金融信用和其他衍生增值服务等，使县域电子商务抱团合力，形成区域特点和优势。根据需要可设产品中心、单品管理中心、品牌中心、二维码中心、质量追溯中心、订单中心、客服中心、移动电子商务中心、O2O 中心、商流中心等子中心。

2. 公共服务中心的建设内容

公共服务中心的建设内容是《服务规范》最具有可操作性的内容，对公共服务中心这个实体机构的场地、设施、功能、人员、平台、制度及经费等方面做出详细要求。

（1）一个固定的场地　乡村电子商务公共服务中心应因地制宜，由当地政府利用现有资源提供一个固定的场所，配备必要的办公设施。可以统筹考虑物流、培训、交流等需要，预留空间。有条件的地方应建立适应发展农产品电子商务要求的冷链设施，提供低温环境下的分拣、加工、包装、仓储等服务，并做好农产品质量安全检测。场地要交通便利，满足办公接待需求。

（2）一个运营团队　乡村电子商务公共服务中心的运营团队必须具备一定的电商公共服务平台运营经验，配备专职运营人员。要具备常规的业务对接、咨询等服务功能，还能根据当地实际提供特色增值服务内容。

（3）一个服务前台和线上体验区　设立一个独立的服务前台和线上体验区，并配备专业服务人员，负责为区域内企业、网商、服务商提供业务咨询和技术服务。在显著位置放置电子商务公共服务中心运营授权标识。

（4）一个线上服务平台系统　具备以下几个功能模块：一是电子商务资讯、统计分析，二是服务内容展示，三是电子商务（远程）培训，四是本地电子商务企业展示。

（5）一套服务管理制度　包括但不仅限于会员服务登记及服务、公共服务中心服务项目公示、服务时间、设备管理、网站平台信息维护、投诉反馈、公共服务中心岗位职责和考核指标等方面的管理制度。每项制度都应具有针对性、可操作性，保证落实到位。

（6）一定的政策支持和运营经费保障　公共服务中心要坚持政府推动和市场运作相结合，通过政府购买服务，或列支专项资金保障运行。基础服务免费，特色增值服务微利，体现公益性。

3. 公共服务中心的服务规范

公共服务中心的服务规范是《服务规范》的最终目的，各个体系建成后都需要做好后续的规范化工作，这个任务是任重道远的。公共服务中心建成后，要求在以下几个方面开展规范化服务：

（1）决策支持　编制县域乡村电商发展规划；监督落实乡村电子商务实施方案，会同有关部门对乡村电商基础数据进行收集、整理和分析，为政府制定扶持政策、企业开展相关业务等提供支撑。

（2）电商主体发展及管理　公共服务中心是一个面向全县各市场主体的服务机构，针对网商、第三方服务商、有关企业和个人等乡村电商发展的重要力量，进行需求挖掘和分析。中心可开展会员服务。

（3）资源整合与统筹

1）整合政府资源　将原有的分散在商务等有关部门的政策进行整合，将政府电子商务政策通过一个口落地。

2）整合行业资源　推动农业龙头企业、农民合作社、种养加专业大户、家庭农场、旅游企业等主体进行市场化整合，引导企业向薄弱、缺失环节投资，推动农村一二三产业融合发展。推动物流资源整合，提供物流解决方案。组织对接活动，协助企业寻找经销（分销）商。

3）整合第三方服务商资源　为企业提供全产业、全方位电商服务解决方案。将原来分散、自发的第三方服务商有机结合，让电商企业、传统企业和其他有需求的企业能快速地与平台运营商、品牌策划公司、营销公司、本地生活服务企业及电商培训机构建立联系。

（4）农产品供应链管理及营销服务　推动农业生产、流通数据信息开放共享，探索农业生产资料电子商务与农业生产技术指导协同发展模式，推动农业技术、商业模式集成，加强农产品供应链规划、建设和管理，完善农产品检验检测、质量标准和追溯体系，针对当地特色农产品的生产、分布特点，规划和建设一批物流、初加工节点，建立健全农产品上行渠道，引导农民生产满足消费需求、适合网络销售的产品，提高农业现代化水平，促进农业发展方式转变。

针对当地特色农产品，帮助生产企业、专业合作社、网商、服务商集中产品，做好拍摄、文字编辑工作，形成县域产品资源库，实现农产品向网销单品的转化。

公共服务中心为当地特色农产品提供品牌、商标注册服务，打造特色品牌。通过全网营销体系进行县域产品整合式网络销售。

（5）电商氛围营造与宣传　为网络创业人员实际创业过程中遇到的各类问题提供咨询与解答；向政府推荐优秀电商创业项目，争取政策扶持；组织开展各类电商文化活动，举办网上创业创新项目大赛等，为创业人员、电商企业和人才之间搭建交流平台。挖掘和培育一批优秀网商、典型网商、创业案例，通过政府网站、电视、报纸、微信、微博等宣传渠道进行宣传，并将本地电子商务氛围营造、平台建设与当地农特产品宣传、休闲旅游产品推介有机结合。

三、乡村电子商务培训体系建设

《服务规范》中，将乡村电子商务培训体系建设作为软环境的首要环节，抓住了目前乡村电子商务推广应用的症结。不管是电子商务使用者，还是电子商务创业者和运营者，都需要通过不同层面的培训及交流不断地进行充电、提升，否则不能适应电子商务快速发展变化的要求。

1. 培训体系建设内容

（1）一个固定场所　具备办公场地、培训场地和实训机房，可长期实施电商培训，方便停车，电商理念、企业文化、往期培训照片上墙，统一标识标牌。可考虑设在公共服务中心之内，或与本地院校、党校、行政培训机构等紧密合作。

（2）一个专业的培训工作团队和讲师团队　具备电商知识、经验以及教学经验，团队人员需具备常规培训业务接单、培训计划拟订、培训计划对接及培训相关事项咨询能力，还可以根据需求方的实际情况调整培训计划方案。

（3）配备必要的办公设施和培训管理制度　制定讲师管理制度、考核制度、课件研发制度等相应的管理制度及工作流程，每项制度及工作流程都应具有针对性、可操作性，保证后续能落实到位。

（4）一定的政策支持和培训经费保障　当地政府对于培训相关工作在政策及经费上应给予一定支持与保障。

上述关于乡村电子商务培训体系建设内容，抓住场所、团队、设施、制度、政策和经费6个要素，对培训体系的建设提出具体、明确的要求。如果缺少一个要素，培训体系就不是完善的。对于县域范围内建设乡村电子商务培训体系，6个要素可以整合共享，一个县域可以组建一个相对稳定的培训团队，专职讲师与兼职导师相结合，本地企业与外地专家相互补，面向全县农村开展多层次的电子商务培训。一个场所可以既做培训用，又做创业用，提高场地的利用率。支持政策和管理制度可以全县保持一致，经费保障则可根据各场所培训人次规模给予不同程度的配套。

2. 培训体系服务规范

（1）培训团队的规范性　组织当地院校、社会组织，或引进培训机构，对合作社农民、创业就业人员、电商转型的企业和政府人员开展电商理念培训、技能方法培训和高技能人才培训等不同层次、公益性和市场化相结合的培训。建立乡村电子商务培训实践教育机制，对培训进行跟踪，提供后续实践引导和服务，确保培训实效。

（2）培训内容的规范性　能够提供电商理念和实操培训，实操培训内容包含微商系类、淘宝系类及第三方营销平台和其他新平台的实操。开展现场和网络远程培训。基础公益培训可在网上免费下载。

（3）培训过程的规范性　制订相应的培训计划，对于每月培训场次、人数、学员满意度等都要做好规划，并严格执行。严格遵守中央和地方培训管理办法，做好培训情况的记录，加强培训档案和经费管理。严格挑选讲师及工作人员，制定完善的工作监督与考核机制。

四、县、乡、村三级电子商务物流体系建设

1. 乡村电子商务物流体系问题

《服务规范》首先分析了农村现有电子商务物流体系存在的问题，即“当前农村收发的物流数量还不多，并且很多农民白天在田间劳作无法收货，物流企业业务收益与支出不相称，不少地区的农村还是快递物流的盲区”。紧接着提出解决思路：“可通过整合当地邮政、各大快递物流公司，成立专业的物流公司，负责从县到村的农村物流体系建设，包括建设农村物流仓储中心、农村物流信息管理平台及农村物流运输体系。”

要建好乡村物流体系，建议采取的方法是：“充分发挥现有资源，避免重复建设和资源浪费，可以以乡村电子商务服务站为基础，结合邮政现有的乡镇物流配送网络，交通运输部门的农村公交班线，以及本地货运等各种运输资源，解决物流服务在农村服务能力较弱问题。”同时提出建设乡村物流信息管理平台，“重点解决农村物流资源的协调统筹，降低农村物流成本。快递跟踪信息能够从县级物流仓储中心传达到农村，让农村群众实时查询到包裹在县域内的流转情况，享受包裹到达短信提醒等服务”。

2. 乡村电子商务物流体系建设内容

（1）县、乡、村三级电子商务仓储物流中转　县级电子商务物流仓储中心可建于交通便利处，场地周围便于停放物流运输车。有

条件的可设于县级公共服务中心内。乡镇、村的物流中转应设在乡镇、村电子商务服务站开辟的物流服务区，避免重复浪费。

（2）一个物流体系运营团队　不同范围的工作人员可以给予不同定位，县级工作人员必须配备专业团队，乡村相关工作人员可以兼职。

（3）一套管理制度　针对县、乡、村三级物流制定相应的管理制度、登记流程、产品货架归类制度、问题件处理流程、配送员考核及其他工作流程。农村物流配送要固定时间、固定地点、明确价格，每项制度及工作流程都应具有针对性、可操作性，保证后续能落实到位。

（4）一个高效机制　县、乡、村三级物流体系需在现有的基础上充分整合邮政等物流资源，以行政方式推动，采取市场化方式解决，要处理好每个环节的物流中转衔接和每个环节所代表的利益分配。

解读

《服务规范》着重强调县、乡、村三级电子商务物流体系建设，试图实现县、乡、村电子商务物流紧密对接，这是值得探索推进的。如何将现有物流设施改造、整合为能够适应电子商务规范化的配送要求。如何整合并优化乡村电子商务物流体系，进一步降低电子商务进乡村的物流成本。还有待实践创新。

3. 乡村电子商务物流体系规范服务

（1）快递收发　对于快递不能直接配送到村的，需要建立县、乡、村三级物流体系承担快递收发工作，解决乡村物流配送最后一公里问题。

（2）本地化物流配送　协助当地村民将农村产品配送到县城。

（3）物流整合　在基于县、乡、村三级物流体系的自有物流配送体系的基础上，需要不断整合市场化的物流资源。

解读

要做好乡村电子商务物流体系规范服务，主要依赖于“运营团队”这个实体。从目前情况看，邮政、供销、电信在积极改造自己原有的乡村物流通道，使之适应电子商务要求；第三物流公司普遍涉足县一级配送点建设；电子商务平台公司（如淘宝、京东等）在有合作的地区打造到乡、村一级配送点；一些传统的大型农资生产企业（如成都新都化工等上市公司）在自己的物流配送渠道基础上，搭建乡村电子商务平台，兴建村级电子商务配送点，实行规范化运营，能够较快速地覆盖到更广泛的农村末端村庄；一些县域连锁商超也利用自己的乡镇网点配送能力开展电子商务进农村服务。这些实体都是可以做到规范化服务的，而对于临时组建利用公交、村级送货车等便利工具从事电子商务物流服务，则不容易实现规范化、规律化和标准化，有地区实践证明，这是不能适应电子商务要求的，要谨慎推行或加以整合提升。

五、农产品电子商务供应链体系建设

1. 农产品电子商务供应链体系服务

上述乡村电子商务物流体系主要针对工业品或者网货下乡，有利于改善农村网购物流配送条件，而这里农产品电子商务供应链体系则是指“农产品进城”的输送通道。两者的服务对象有明显差异，功能要求也大相径庭，运行渠道和运营主体都可能难以统一，因此《服务规范》将它们分为两个部分进行分别建设是有道理的。《服务规范》指出："农产品具有鲜活易腐性，对外在条件的依赖比较明显。农业生产的区域性、季节性、分散性也十分突出，农产品供应链是一个从田间地头到消费者餐桌的过程，传统的农产品交易是农产品沿着农户、加工企业、配送中心、批发商、零售商，向消费者运动的一个网状链条。开展农产品电子商务，有必要加强农产品供应链管理，统筹资源，加强协作，以信息化带动农产品生产、流通的标准化、规模化和现代化。"

2. 农产品电子商务供应链体系建设内容

《服务规范》对农产品电子商务供应链体系建设内容的描述较为简洁，指出："可建于县级乡村电子商务物流中心或农产品批发市场等地。场地应能停放物流配送车。品控部门需要有独立的化验室，场地要位于通风处，配备品控检测的专业仪器和设备、农产品质量安全追溯系统等必要的软硬件设备。拥有专业农产品开发人员、品控人员、仓储配送人员。需建立品控、售后、供应商入驻、产品检测、发货流程、仓储6S管理等各岗位的管理制度。"

解读

农产品电子商务供应链体系主要依托农贸市场、农产品批发市场以及冷链基地等，对这些资源进行整合利用，配备必要的仓储、冷链、运输和品控等设施及人员，建立规范化工作流程和管理机制，完善农产品溯源管理，就能达到农产品电子商务"上行"的要求。从目前情况看，农产品电子商务供应链建设的投资较大，运行维护成本也较高，而农产品的附加值却偏低，引资、引企业的难度很大。

3. 农产品电子商务供应链体系服务规范

《服务规范》对农产品电子商务供应链体系的服务规范明确如下：

（1）建设农产品品牌开发体系　让农产品能实现在线化、互联网化、品牌化；建设农产品品质管理体系，通过集中仓储加强产品品质监控。

（2）有条件的地区可以建立农产品溯源系统　健全“三品一标”“一村一品”等基础数据库，记录农产品种植、加工、包装、检测、运输、销售等关键环节的信息，设置系统预警，并通过互联网、手机 APP、电话等途径发布信息，增强公众对产品的认可，实现质量可追溯、责任可追查。

（3）提供农产品电子商务标准化工作指导　从实际出发，因地制宜，坚持统一、简化、协调和最优化原则，与便民、规范、效益相结合，确立可测量的标准化方针和目标，建立可操作的服务程序和制度，开展多元化、特色化服务。鼓励农产品企业按照国际、国内相关标准，制定适应电子商务要求的农产品等级划分、包装、物流配送、流程规范等质量规范和质量追溯要求。鼓励支持快递企业制定适应电子商务寄递需求的定制化包装、专业化服务等规范。

（4）提供专业的供应链培训服务　构建电子商务平台下的供应链管理模式，要注意保持农产品供需的相对稳定，减少信息不对称，对农产品产销形成稳定预期。

解读

上述要求中，对农产品品牌打造和农产品品质维护格外看重。

实践表明，维护一个农产品品牌往往比维护一个制造业产品品牌的难度要大得多。一个制造业产品品牌一般是由一个企业负责打造和维护的，企业组织的管理和行动是规范化的、统一化的和标准化的，品牌只属于一个企业，即便有其他企业冒牌侵权的情况，也不能改变品牌所属企业在某类商品市场中的主导地位。农产品的情况则完全不同，农产品有强烈的地域性特点，山东枣、砀山梨、新疆葡萄、海南椰子、攀枝花芒果等，这些都是事实上的品牌，不属于哪一个企业独占，而是这些地区的所有农业生产者共同享有的，其声誉的好坏也要靠大家共同维护。如果一个农产品生产者以次充好、以假乱真，势必损坏一个地区的农产品品牌。过去，在传统市场中，农产品传播范围受到局限，个别生产者的损坏行为不易造成大面积的影响。如今，农产品电子商务发展起来，个别生产者的损害行为可能迅速在网上传开，为一个地区的农产品品牌或者说农产品电子商务品牌造成灾难性的破坏，直接导致这个地区农产品滞销、积压，甚至烂掉。可以说，农产品品牌打造难，农产品品牌维护更难，电子商务农产品品牌维护更是难上加难。

六、农产品电子商务营销服务体系

1. 农产品电子商务营销服务体系的建设目的

《服务规范》明确农产品电子商务营销服务体系的主要目的是：“以电子商务为手段，在农业生产、加工、流通等环节，加强互联网技术应用和推广。运用电子商务大数据引导农业生产，拓宽农产品、民俗产品、乡村旅游等市场。”

《服务规范》进一步说明农产品电子商务营销服务体系的设施方式是：“由公共服务中心牵头，带动和扶持本地网商、农业和旅游企业参与到营销体系建设中来。运用多种电子商务营销手段，如微信营销、微博营销、手机 APP、农产品垂直营销平台等，提高农产品的产业化、组织化程度，让更多优质、安全的农产品以便捷的方式、通畅的渠道进入市场，促进农业增效、农民增收。”

2. 农产品电子商务营销服务体系的建设内容

《服务规范》指出，农产品电子商务营销服务体系的建设方式是：“可在交通便利、人流量大、尽量靠近旅游路线附近和有实际需求的地方，建设一个具备网超条件的 O2O 展示展销中心。既在线下推销本地产品，也提供线下展示功能。对于缺乏上述条件的县城，不建议建设线下展示中心。”

3. 农产品电子商务营销服务体系的服务规范

《服务规范》从线上推广、网上品牌和线下供应 3 个方面对农产品电子商务营销服务体系的运行提出规范要求：

（1）线上推广规范　重点在线上进行主题策划、活动策划、媒体策略、品牌塑造、形象打造、市场监测，进行稿件、媒体、活动等公关、推广，渠道维护和拓展。

（2）网上品牌规范　积极组织、引导合作社与电商平台对接，在继续做好农产品营销促销工作的同时，集中打造网上展示大厅，推动“名特优新”“三品一标”“一村一品”农产品上网营销，加强宣传推介，提高农产品网络销售的公信力、信誉度和美誉度。

（3）线下供应规范　引导农民合作社与城市社区建立直供关系，共同设立农产品体验店、自提点和提货柜。推动建立海外营销渠道，推动跨境农业电子商务发展。

七、乡村电子商务服务站体系建设

1. 乡村电子商务服务站体系的建设内容

《服务规范》指出，分级建立乡村电子商务服务站，为农民提供电子商务基础服务。具体建设内容如下：

（1）选择场地　乡镇、村级电子商务服务站要有固定的经营场所，场地位于村民日常活动集中区，且网络已覆盖，可以选择建于农村商店、村民活动中心、村民自住房等。一个行政村建设服务站点个数尽量不超过一个，已有企业服务站点的，可以考虑合并建设。

（2）配备人员　配备1名及以上专职人员，且参加过相应培训，能够熟练操作乡村电子商务平台上的各项服务功能，能够对所在服务区域的农民的需求和生产进行摸底统计。

（3）强化服务　要遵循公平、公正、公开原则，诚信经营，对各个电商平台开放，不能仅为一家平台服务。服务站应定期向县级公共服务中心报送有关信息，并建立日常网络安全管理、考勤、假期管理、货物配送等制度。

2. 乡村电子商务服务站体系的服务规范

（1）入户宣传　向村民宣传服务站各项功能、电子商务行业相关资讯，提供乡村电子商务普及培训，培育农村群众网上购物、商品销售、购买服务等习惯。

（2）网上代买代卖　帮助村民网上购物，并协助解决购物过程中产生的纠纷等问题。公共服务中心组织村级服务站收集当地特色农产品，汇总后对外发布信息、销售。

（3）便民服务　为村民提供水、电、宽带、话费等生活网上缴费，代收代发快递、车票代购、酒店预定、本地资讯等服务。与金融机构合作，提供小额取现、生产贷款等服务。对外发布村级各项服务内容。

（4）创业服务　组织当地青年参加网上创业就业学习、交流，营造氛围，培育人才。

（5）生产服务　与种子、农药、化肥等农业生产资料企业合作，依托村级服务站网上销售，开展技术指导。

（6）增值服务　依照当地情况开展其他增值服务。

目前，农村淘宝、中国邮政、京东商城、供销合作社、赶街网等电子商务平台积极在全国乡村布设电子商务服务站点并形成一定规模，一些地方性乡村电子商务公司也立足本地建设村级电子商务服务站点，与全国性电子商务平台的乡村电子商务服务站点互为补充，促进乡村电子商务服务站点体系更加多样化，例如平台类乡村电子商务服务站、综合类乡村电子商务服务站、区域类乡村电子商务服务站和本地化乡村电子商务服务站等，满足各地不同条件的实际需要，见图 3–2 至图 3–9。

图 3–2　农村淘宝电子商务服务站

图 3–3　赶街网乡村电子商务服务站

图 3-4　中国邮政乡村电子商务服务站

图 3-5　京东乡村电子商务服务站

图 3-6　供销合作社乡村电子商务服务站

图 3-7　乡村电子商务综合服务站

图 3-8　西部地区乡村电子商务服务站

图 3-9　区域类乡村电子商务服务站

八、乡村电子商务服务体系影响深远

综上所述，在乡村电子商务“六个体系”中，它们的共同点都是要有场地、服务主体（团队、人员）、服务对象（农户、青年、合作社、农业企业）、管控机制和经费支撑，同时需要一个电子商务公共服务平台用以协调各方面的资源和业务。这是县域乡村电子商务发展的必需条件，也是现代服务业发展的基本条件。换言之，如果县域乡村电子商务发展起来，意味着诞生一个现代服务业集群。这对于一个县域经济而言有着长远的影响，不要只局限在乡村电子商务能卖多少农特产品上，而要让它逐步在农村形成现代服务产业。这样看，乡村电子商务意义非凡，要看准方向持之以恒地推进下去。

第三节　乡村电子商务工作指引

《农村电子商务工作指引（试行）》（以下简称《工作指引》）的主要目的是：提高乡村电子商务工作的科学性、规范性、操作性，促进乡村电子商务加快发展。为此，明确了乡村电子商务工作的指导思想、基本原则、重点任务、主要内容、组织开展及考核评价的策略、部署和方法。其中指导思想和基本原则体现了乡村电子商务工作的基本策略，重点任务和主要内容是对乡村电子商务工作进行具体化部署，组织开展和考核评价则体现对乡村电子商务工作的实施方法。

一、《工作指引》基本策略

1. 乡村电子商务工作指导思想

全面贯彻党的十八大和十九大精神，落实国务院决策部署，按照全面建成小康社会目标和新型工业化、信息化、城镇化、农业现代化同步发展的要求，坚持“创新、协调、绿色、开放、共享”的发展理念，深化农村流通体制改革，创新农村商业模式，培育和壮大乡村电子商务市场主体，加强基础设施建设，完善政策环境，加快发展线上线下融合、覆盖全程、综合配套、安全高效、便捷实惠的现代农村商品流通和服务网络。

2. 乡村电子商务工作的基本原则

（1）市场为主，政府扶持　充分发挥市场在资源配置中的决定性作用，突出企业的主体地位。加快转变政府职能，做好引导和扶持，加强基础设施建设，促进资源协作统筹，建立完善乡村电子商务公共服务体系，为乡村电子商务发展营造平等参与、公平竞争的环境，激发各类市场主体的活力。加强事中事后监管，依法维护经营者、消费者合法权益。

（2）统筹规划，创新发展　将发展乡村电子商务纳入区域"十三五"发展规划和新型城镇化规划，作为农村发展的重要引擎和产业支撑，促进城乡互补、协调发展。以商业模式创新，推动管理创新和体制创新，不断改造传统商业的业务流程，提升农村流通现代化水平，促进农村一二三产业融合发展。主动适应互联网经济发展要求，转变传统发展观念，创新工作方式方法。充分利用当地现有资源，建立和完善乡村电子商务资源互联互通与共享机制。

（3）实事求是，因地制宜　结合本地区农村经济社会发展水平、人文环境和自然资源等基础条件，认真研究分析，着眼长远，理性推进。注重发挥基层自主性、积极性和创造性，因县而异，探索具有农村特点的电子商务发展路径和模式，改善农村民生条件，让广大农村群众逐步享受到与城市居民一样的公共服务。

（4）以点带面，重点突破　围绕乡村电子商务发展的关键问题和环节，紧密结合当地的产业特色和地域优势，选择农民急需的消费品、农产品、农业生产资料等开展乡村电子商务试点，集中力量解决物流、人才、金融服务等问题，及时总结经验教训，不断提升示范效应，形成推广机制。

二、《工作指引》任务部署

1. 乡村电子商务工作重点任务

（1）积极培育乡村电子商务市场主体　充分发挥现有市场资源和第三方平台作用，培育多元化乡村电子商务市场主体，鼓励电商、物流、商贸、金融、供销、邮政、快递等各类社会资源加强合作，构建农村电商平台，实现优势资源的对接与整合，参与乡村电子商务发展。

（2）扩大电子商务在农业农村的应用　在农业生产、加工、流通等环节，加强互联网技术应用和推广。拓宽农产品、民俗产品、乡村旅游等市场，在促进工业品、农业生产资料下乡的同时，为农产品进城拓展更大空间。加强运用电子商务大数据引导农业生产，促进农业发展方式转变。

（3）改善乡村电子商务发展环境　硬环境方面，加强农村流通基础设施建设，提高农村宽带普及率，加强农村公路建设，提高农村物流配送能力；软环境方面，加强政策扶持，加强人才培养，营造良好市场环境。

2. 乡村电子商务工作的主要内容

（1）建设新型农村日用消费品流通网络　适应农村产业组织变化趋势，推动万村千乡、邮政、供销合作社等传统商贸企业转型升级，创新商业模式，与电子商务平台实现优势互补，增强产、供、销协同能力，实现线上线下融合发展。建立完善覆盖县、乡、村的农村商品流通服务网络体系，为农村提供安全、便利、实惠的消费环境。

（2）加快推进农村产品电子商务　以农产品、农村制品、乡村旅游等为重点，加强对互联网和大数据的应用，引导生产更多的能够满足消费者需求的产品与服务，推动农业供给侧改革。提升农村产品质量和服务水平，提高农村产品的商品化率和电子商务交易比例，培育农村品牌，带动农民增收。

（3）鼓励发展农业生产资料电子商务　鼓励对传统农业生产资料经营网点进行信息化改造，推动化肥、种子、农药等农资产品电子商务。为农民提供优质、实惠、可追溯的农业生产资料。发挥农资生产流通等企业和研究机构的技术优势，将农资研发、生产、销售与指导农业生产相结合，通过现代信息技术提供测土配方施肥、农业网络诊疗等及时、专业、贴心的农业专家服务。

（4）大力发展农村服务业　按照新型城镇化发展要求，逐步增加乡村电子商务综合服务功能，大力发展信息进村入户，实现一网多用。鼓励与服务业企业、金融机构等加强合作，提高大数据分析能力，在不断完善农民网络购物功能的基础上，逐步叠加手机充值、票务代购、水电气费缴纳、农产品网络销售、小额取现、信用贷款、家电维修、养老、医疗、土地流转等功能，进一步提高农村生产、生活服务水平。

（5）提高电子商务扶贫开发水平　按照精准扶贫、精准脱贫的原则，把电子商务纳入扶贫开发工作体系。积极推进电商扶贫工程，有关部门密切配合，形成合力，瞄准建档立卡贫困村，覆盖建档立卡贫困户。提升贫困地区交通物流、网络通信等发展水平。探索农村创业新模式，引导农民立足农村、对接城市，推动贫困地区特色农副产品、旅游产品网络销售，增强贫困地区利用电商创业、就业增收能力。

三、《工作指引》实施方法

1. 乡村电子商务工作的组织开展

《工作指引》中这一部分非常详细，从加强组织领导、制订工作方案、加强基础建设、加强人才培养、规范市场秩序、提供公共服务等方面提出具体实施办法。其中，加强基础建设部分仍然强调农村物流体系建设，人才培养、市场监管要同步推进，特别是提出乡村电子商务公共服务是乡村电子商务工作的重中之重，显示出提供乡村电子商务公共服务的重要性。

乡村电子商务公共服务包括：搭建行业协会组织，整合本地各类资源，提供综合业务保障，建设统一的物流配送体系，塑造区域农村电商品牌，搭建公共交流平台，建设创业孵化平台，建设电商园区等。

解读

如果缺乏强有力的公共服务作保障，乡村电子商务工作则很难顺利开展，而这些服务都与基层政府组织有关，因此需要基层政府有计划、有组织地推进，才能取得明显进展。

2. 乡村电子商务工作考核评价

《工作指引》最后对乡村电子商务工作提出考核评价办法。主要从制定考核机制、建立督查机制和完善奖惩机制 3 个方面进行了说明和要求。考核的主要对象包括：参与乡村电子商务工作的政府部门、承担购买服务的协会、企业等主体；业绩突出的单位及创业农村青年、返乡农民工等。

第四章

乡村振兴指引乡村电子商务

导读

2018 年 1 月 2 日，中共中央、国务院印发《关于实施乡村振兴战略的意见》（以下简称《乡村振兴战略》），为新时代农业、农村、农民全面提升明确了思路。此前 5 年中，围绕“三农”问题推动农业产业、农村民生和农民增收取得全面发展，促进农村社会稳定和谐，这些工作为乡村振兴奠定了良好基础。《乡村振兴战略》进一步指出，乡村振兴面临的关键问题是：“农产品阶段性供过于求和供给不足并存，农业供给质量亟待提高；农民适应生产力发展和市场竞争的能力不足，新型职业农民队伍建设亟需加强；农村基础设施和民生领域欠账较多，农村环境和生态问题比较突出，乡村发展整体水平亟待提升；国家支农体系相对薄弱，农村金融改革任务繁重，城乡之间要素合理流动机制亟待健全；农村基层党建存在薄弱环节，乡村治理体系和治理能力亟待强化。”

可以认为，乡村振兴是在解决“三农”问题基础上提出的新战略，赋予新农村建设更全面、更深入和更具体的内涵，是新时代对“三农”问题的重新诠释，它源于“三农”问题而又高于“三农”问题。因此，在乡村振兴的新时期，乡村电子商务也必然相应地面对乡村振兴问题做出战略调整，在乡村振兴战略中发挥更大的作用。从此，乡村电子商务进入发展的新阶段。

知识架构

乡村振兴指引乡村电子商务

- 乡村电子商务新内涵
- 农业供给侧电子商务应用
- 农民电商消费与电商致富
- 乡村电子商务基础设施完善
- 电子商务驱动乡村综合治理

第一节　乡村电子商务新内涵

一、乡村电子商务概念

1. 乡村电子商务定义

根据乡村电子商务发展历程、国家乡村振兴战略意图，以及电子商务对乡村建设的影响范围，可以将乡村电子商务定义如下：

乡村电子商务是在国家实施乡村振兴战略前提下，基于乡村电子商务推进的成果，面对“三农”更广泛、更深入和更艰难的问题，着重在构建一二三产业融合发展体系中，以电子商务深耕细作为抓手，加快推进农村流通现代化，带动新型互联网农业产业模式的发展，为提升农业发展质量和培育乡村发展新动能，促使电子商务全面渗透乡村各个领域的思路、策略、模式、方法和过程的总称。

2. 乡村电子商务特点

（1）乡村电子商务发展状况　如本书前面三章论述，乡村电子商务经历了“淘宝村”、电子商务进农村和乡村电子商务示范工程3个主要阶段，同时，电子商务在精准扶贫工作中显现出越来越突出的作用，为振兴乡村发展奠定了良好的基础。特别是通过实施电子商务进农村示范工程，包括大多数贫困地区在内的广大乡村均基本建立起乡村电子商务公共服务体系，为电子商务扎根农村培育出适宜的土壤环境。但是，面对乡村电子商务深入应用的实际问题，以及面临乡村振兴战略的新要求等，还需要在乡村电子商务发展的基础上，重新规划未来更加广泛意义上的乡村电子商务战略，让乡村电子商务跨入新的发展阶段。

（2）乡村振兴战略面临的问题 《乡村振兴战略》明确乡村振兴面临的关键问题是："农产品阶段性供过于求和供给不足并存，农业供给质量亟待提高；农民适应生产力发展和市场竞争的能力不足，新型职业农民队伍建设亟需加强；农村基础设施和民生领域欠账较多，农村环境和生态问题比较突出，乡村发展整体水平亟待提升；国家支农体系相对薄弱，农村金融改革任务繁重，城乡之间要素合理流动机制亟待健全；农村基层党建存在薄弱环节，乡村治理体系和治理能力亟待强化。"对于上述关键问题，电子商务和互联网应用几乎可以渗透到各个领域或覆盖影响各种问题，因此需要社会各界加以关注和研究。可以说，乡村振兴战略对乡村电子商务工作提出更高要求，是乡村电子商务发展所面临的更大挑战。

（3）主导乡村发展新动能 《乡村振兴战略》的首要任务是"提升农业发展质量，培育乡村发展新动能"，提出五个方面的具体工作，即夯实农业生产能力基础，实施质量兴农战略，构建一二三产业融合发展体系，构建农业对外开放新格局，以及促进小农户和现代农业发展有机衔接。农村电商的显著优势，在于对接城市大市场、打开消费新市场。以农村电商为渠道，以往"藏在深山无人知"的特色农产品进入城市餐桌，而丰富多变的市场信息也得以直达农户。当电子商务把乡村到城市的市场打通之后，首先带动的是乡村物流的下沉，其次围绕电商物流双向渠道拓展，完善了乡村电商基础设施的建设，例如电商公共服务体系等。这样，乡村电子商务才具备条件向乡村各个领域加快渗透。根据乡村电子商务先进地区经验可知，电商市场及电商应用可以带动农业生产规模化发展，促进农产品质量提档升级，引导一二三产业融合发展，刺激农业市场更加开放，为小农户开辟更宽阔的就业创业空间，优化乡村的产业结构，成为乡村综合发展的新动能。

二、乡村电子商务着力点

零散的生产规模、落后的物流体系、封闭的思想意识和匮乏的技术人才，是当前乡村电子商务推进中遇到的最大障碍。《乡村振兴战略》通过强化宏观政策支持，为乡村电子商务深入发展创造了更好的条件。针对乡村电子商务最大障碍，对照《乡村振兴战略》的主要任务，可以找到乡村电子商务深入推进的切入点，也是乡村电子商务的着力点。

《乡村振兴战略》的目标任务是：到 2020 年，乡村振兴取得重要进展,制度框架和政策体系基本形成。农业综合生产能力稳步提升，农业供给体系质量明显提高，农村一二三产业融合发展水平进一步提升；农民增收渠道进一步拓宽，城乡居民生活水平差距持续缩小；现行标准下农村贫困人口实现脱贫，贫困县全部摘帽，解决区域性整体贫困；农村基础设施建设深入推进，农村人居环境明显改善，美丽宜居乡村建设扎实推进；城乡基本公共服务均等化水平进一步提高,城乡融合发展体制机制初步建立;农村对人才吸引力逐步增强;农村生态环境明显好转，农业生态服务能力进一步提高；以党组织为核心的农村基层组织建设进一步加强，乡村治理体系进一步完善；党的农村工作领导体制机制进一步健全；各地区各部门推进乡村振兴的思路举措得以确立。

据此勾画乡村电子商务深入推进与乡村振兴战略任务的关系图，或称乡村电子商务任务着力点结构图，如图 4-1。

对照乡村振兴战略各项任务，梳理乡村电子商务深入实施的着力点，即“规模生产适应电商”“生产资料电商协同”“电商市场

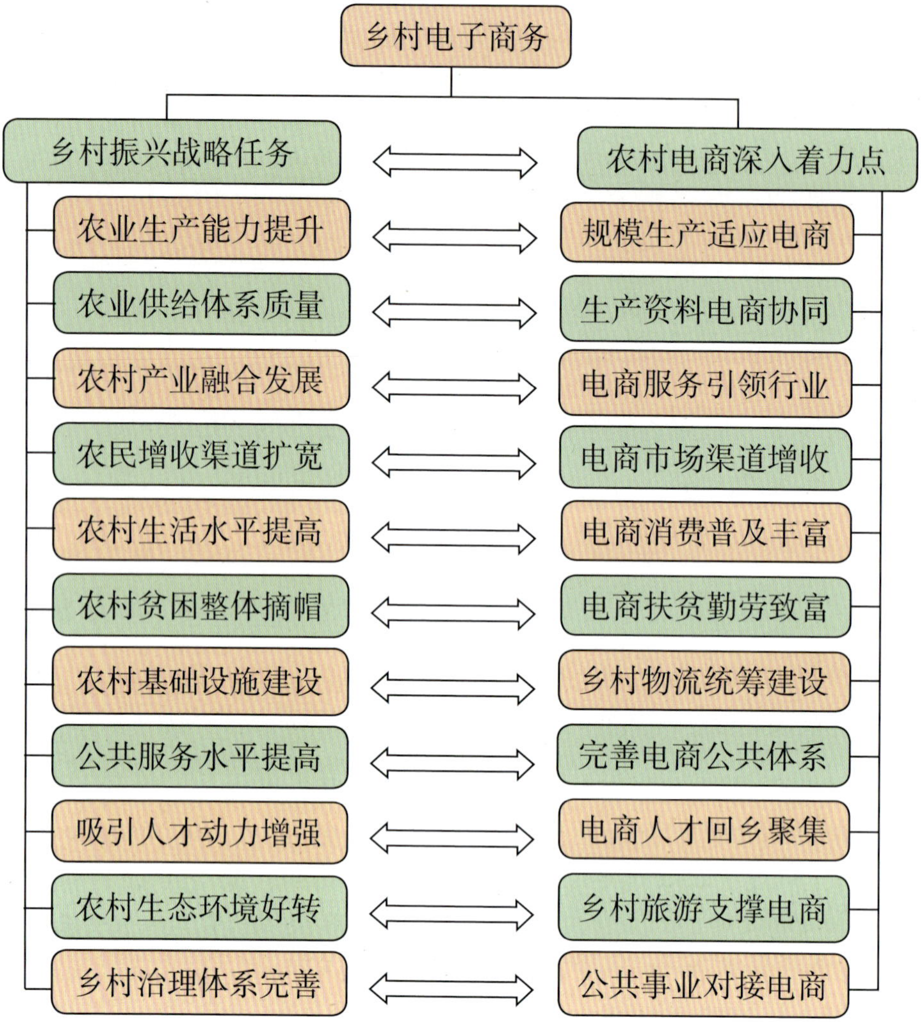

图 4-1　乡村电子商务任务着力点结构图

渠道增收”“电商消费普及丰富”“电商扶贫勤劳致富”“乡村物流统筹建设”“完善电商公共体系”“电商人才回乡聚集”“乡村旅游支撑电商”和“公共事业对接电商”等。根据上述着力点之间所具有的相关性，将它们划分为 4 个问题分别加以讨论。其中“规模生产适应电商”和“生产资料电商协同”归为“农业供给侧电子商务应用”问题；“电商市场渠道增收”“电商消费普及丰富”和“电商扶贫勤劳致富”归为“农民电商消费与电商致富”问题；“乡村物流统筹建设”和“完善电商公共体系”归为“乡村电子商务基础设施完善”问题；“电商人才回乡聚集”“乡村旅游支撑电商”和“公共事业对接电商”归为“电子商务驱动乡村综合治理”问题。

第二节　农业供给侧电子商务应用

一、规模生产适应电子商务要求

1. 商业模式不断创新

在农产品网络零售领域，逐渐形成淘宝、京东、苏宁三大格局，以及顺丰优速、天猫、沱沱工社、本来生活等一批农产品平台，展开多强争雄的局面。“网店 + 产品 + 消费”、地方特色馆等农产品商业模式趋于成熟，网上直销与实体体验相结合的 O2O 模式不断创新，进入综合生鲜电商、垂直生鲜电商、O2O 电商、智能店新业态、体验店和无人店的“六位一体”新时期，对农产品供给侧刺激与带动日益明显。

2. 交易规模快速攀升

据商务部网站 2019 年 3 月公布数据，2018 年全国农村网络零售额达到 1.37 万亿元，同比增长 30.4%；全国农产品网络零售额达到 2 305 亿元，同比增长 33.8%，农村电商迅猛发展。据《国务院关于乡村产业发展情况的报告（2018 年）》（2019 年 4 月发布），我国乡村产业形态不断丰富，特色产业快速发展，创响特色品牌 10 万余个，农产品网络销售额达 3 000 亿元。由于两者数据统计渠道不同，不能直接进行平均，这里仅作粗略的趋势判断，即综合两者数据表明，我国 2018 年期间，农户品网络零售规模在 2 300 亿 ~3 000 亿元，且增长速度处于快速成长阶段。另据行业专家调查，2017年，我国各类大宗商品电子交易市场达到1 969家，其中农产品电子交易市场是585家，占29.7%，包括农产品类市场417家、林产品类市场（含木材、纸浆等）59家、畜牧禽类市场（含肉类、禽蛋、草业等）45家、酒类产品市场39家、渔产品类市场25家，如生猪交易所、海洋商品交易中心、重庆咖啡交易中心、美菜、一亩田、沁坤等，实物交收额超过10万亿元。

3. 网店交易速度加快

淘宝网2019年3月4日发布《全国特色农产品上行报告》，截至2018年，淘宝天猫的地方特色农产品数量达到2 900多种，覆盖所有省份。其中，中西部省份表现最抢眼：山东、四川、湖北的农产品上行数量排名前三，云南、福建、浙江的销售金额领先，宁夏用枸杞征服“中年保温杯”跻身销售五强，江西则靠赣南脐橙的崛起成为增速冠军。特色农产品在淘宝天猫上成长迅猛，2018年销售金额较2017年净增49%。报告举例，洛川苹果上线农村淘宝年货节，仅11小时卖掉9万千克，让当地农户实际增收20%以上，被农业部发布会称赞为产业扶贫典范。云南一款水果在阿里平台卖爆，一场聚划算活动中，400万个特优级云南沃柑，短短48小时即卖光，订单遍布全国。

4. 规模生产冷链配套

随着农产品电子商务模式多样化发展，农产品网络零售交易规模及其交易速度加快提升，这对农产品生产和供应提出更高要求，对于传统分散、少量及个体式农业生产方式，显然不能适应电子商务市场的需要。一些先进农业地区，在电子商务市场的牵引下，由政府统一引导，规划重点农产品生产区域，集中土地资源发展特色农产品生产，同时建设农产品加工、储藏及配送服务体系，既满足电子商务规模化要求，又实现安全、快速送达全国各地的目的。例如，四川省成都市浦江县，在政府统筹规划下，全县划分为3个重点农产品生产区，包括柑橘生产区15万亩、茶叶生产区10万亩和猕猴桃生产区10万亩，全县范围形成规模化特色农产品种植基地。同时引进与改造相结合，新建现代化农产品冷链中心，改旧厂房为农产品冷藏库，构建出全域冷链基础设施体系，满足特色农产品规模化生产及时冷藏的需要。冷链中心积极吸引或合作本地农产品电商企业，与电子商务运营推广实现无缝对接，不仅助推本地特色农产品全网销售，而且招来省内其他农产品主产区落地浦江县，设立区域配送中心，带动全县农产品电子商务服务业不断升级完善，成为成都市农产品电子商务最强区域，跻身全国知名乡村电子商务示范县。

二、农业生产资料电子商务

1. 农业生产资料电子商务困境

农业生产资料是指农、林、牧、副、渔所需的生产资料的总称，简称“农资”，是进行农业生产的物质要素。由工业产品中提供的农业生产资料一般包括：农机设备，半机械化农具、中小农具，农药，化肥；农用塑料薄膜，农、林、牧、副、渔产品深度加工设备以及运输、储藏机械设备、电气设备与各种配件等。农资电子商务是一种典型的农业供给侧互联网服务。

伴随乡村电子商务发展，农资界重量级厂家纷纷试水互联网模式，虽然初期进展情况良好，却在2017年年底至2018年年初出现跌落。“农商1号”停止运营，其京东旗舰店也相继关闭。“农商1号”

曾经作为农资电商领域新秀，具有“高贵的血统”，它由金正大集团、国内大型基金和战略合作伙伴共同发起，同时，中国邮政集团参与深度合作并全面给予支持。此外，“中国农资电商领军者”——“农一网”遭遇股权转让、模式推倒重来的困境。诺普信旗下全资子公司“田田圈”也步履艰难，注册资本5亿元，总计亏损2亿元，其相关负责人承认“田田圈”收入骤降，主要原因是前几年“步子迈得太快”。

2. 农业生产资料电子商务问题

总结农资电商企业的经验，农资电商发展存在的主要问题有以下几个方面。

（1）高估农村互联网普及率　据中国互联网络信息中心发布数据，截至2018年12月，农村网民规模达2.22亿，占整体网民的26.7%，较2017年年底增加1 291万人，增长率为6.2%；农村地区互联网普及率为38.4%，较2017年年底提升3.0个百分点。实际应用情况比上述统计数据反映的情况更为落后，现阶段农村的主要劳动力为“60后”和“70后”，这类群体大多不熟悉互联网操作，通过互联网买种子、肥料和农药等农资产品的人少之又少。

（2）网购农资付款模式不适应　传统购买方式是在农资店购买农资，普遍习惯于采用赊销，如果在使用过程中出现质量问题，农户占有索要赔偿的主动权，一定程度上保障了农资使用的安全性。但是，通过农资电商平台购买农资，一般是当农户确定网上订单时，随之立即要求付款，这与传统购买方式截然不同，影响农户在网上购买农资的积极性。通常情况，农资赊销比例占农资销售总量的30%以上，这对通过电商平台购买农资构成较大的阻碍。

（3）农资电商缺乏售后支持　纵观目前所有农资电商平台的运

营商，大多数依托“短平快”的项目进行开发，为了尽快收回投资，近期目标集中在“用最短的时间挣更多的钱”，忽视了农资售后服务的诸多环节。农资产品的技术性较为复杂，售后需要跟进技术服务，甚至有些农资产品如果没有后续的技术指导，农户根本不能使用，例如新肥料、新农药和先进的农机等。农资电商平台要建设一套完善的农资售后服务体系，需要更大的投入和配备足量的技术服务人力，或者建立充实的技术服务信息资源，这在短期内很难见到明显成效。

（4）农资生产企业缺乏积极性　由于农资电商平台可以直接与农户建立联系，不受传统分销渠道区域划分的约束，无形中打乱了传统分销渠道中各级分销商的利益关系，常常出现“串货”“砸价”等违反行业惯例的做法，对传统的分销渠道构成很大冲击。当农资生产企业还没有完全掌控电商平台市场的情况下，他们不敢贸然抛弃传统分销渠道的用户联系，否则可能丧失全部市场。面对线上线下两种渠道的根本对立，一些农资生产企业只有采取观望态度，没有积极性参加农资电商销售，甚至进行抵触，有的企业明确表示“若再在互联网上销售农资，我们就撂挑子不干了”。导致产生连锁反应，迫使许多农资生产企业纷纷对已经上网销售的产品进行下架处理，更进一步对农资电商平台构成伤害。

3. 农业生产资料电子商务趋势

（1）农资电商市场潜力大　农资市场每年通常有万亿元级的空间，而农业市场的规模则在 5.5 万亿元以上，导致农资企业出现向下游延伸的趋势，这有助于拓展农资企业的利润来源。按照这种趋势，农资电商将顺势而为，在耕耘农资电商的同时主动向农业市场渗透。

（2）农资电商追逐新产品　普通农资产品竞争激烈，农资电商不应以普通产品为主导，而应当面向农业现代化需要，重点开发高端农资产品市场，例如高效化、专用化、长效化、功能化和低碳化新型肥料，包括水溶肥、缓控释肥、硝基复合肥、海藻生物肥等新型肥料。这样，还可以有效地解决线上线下渠道冲突问题。

（3）农资电商深化农业服务　借鉴发达国家经验，国内农资企业正在向生产并提供一体化产品的方向发展，有利于降低农户采购投入，提高用户黏性。同时，积极联合金融单位，为经销商、种植户等提供供应链金融服务，开辟全程服务利润点。农资电商应当为农资企业这种变化，创建相应的互联网服务模式，结合精准农业技术、农业信息化技术，充分利用O2O农村电商服务站点，打造农资农业一体化服务体系。

4. 农业生产资料互联网新营销

针对农资电商现有问题，结合农资电商发展趋势，当前推动农资电商，重点应当从互联网营销入手，具体做法建议如下：

（1）弥补效果体验环节　农户最在意农资的使用效果，农资电商运营者要注意建立农资使用效果的监控、反馈和保障机制，在互联网营销和应用中添加农资使用效果服务功能，更有必要建立农资线上线下体验场景，例如指定农资使用试验田或示范田等，既在现场试验农资效果，又通过互联网进行实时展示。

（2）利用线下零售渠道　开展农资互联网新营销，不宜忽视传统零售店的作用，不能简单地采用“去中间化”模式，而要利用农资零售店长期建立起的信用关系，将互联网营销作为辅助工具，为传统农资零售渠道完善服务与管理。

（3）开展网络社群营销　利用移动互联网工具积极开展网络社群营销，是一种“成本/效率”极为优化的推广方式，非常适合于农村电商服务。例如为零售店主与农民之间建立线上社群圈，不仅强化“店—农”关系，而且利于扩大用户群。实践验证，在一个60万人的县域，通过网络社群传播，10天内可以覆盖40万人。

（4）采纳电商新潮工具　目前电子商务应用不断创新，农资电商运营者应当大胆引入诸多新潮工具和资源，例如视频、直播、网红、拼团、小程序等，力求创建农村易于接受、农户特别喜爱和农资格外适合的互联网内容形式，进一步推进农村互联网普及，激发农户使用互联网的兴趣，调动农资企业参与电子商务的主动性。

第三节　农民电商消费与电商致富

一、电子商务消费提高生活水平

近年来，电子商务平台商积极推行“渠道下沉”计划，从整体上推动农村网络消费市场的形成。京东、淘宝、当当等从“刷墙运动”开始到现在，各自形成覆盖性或区域性乡村电子商务消费板块。

1. 消费升级板块

根据调查发现，农村网购消费的主要对象是日常开支、生产资料和日用品、家电、服装等，服务需求主要是社保、资金转存或水电煤缴费等。同时发现，大部分村民通过网购，主要目的是选购那些实体商店不能买到的商品类目，次要目的才是选择便宜的商品，而以淘宝网为代表的电商平台切实为农村提供了这样一种商品生态体系，客观上起到填补农村消费空白的作用。调查显示，村民每年平均网购消费金额为500~2 000元，农村居民对网购模式的接受度达到84.4%。

菜鸟网络数据显示，笔记本电脑等3C类数码产品成为农村居民的必需品，美容护肤类化妆品、汽车用品和配件、瑜伽服、球服等健身服装等是农村大卖点，时尚、美容、汽车和运动等消费品在农村逐渐开始流行，构成农村网络消费升级板块。

2. 行业服务板块

乡村电子商务为乡村发展开辟了广阔的服务板块，包含网上农贸市场、数字农家乐、特色旅游、特色经济和招商引资等内容。一方面，这些服务有效地将城市消费引入乡村；另一方面，扩大了农村在新兴领域的消费范围，为提高乡村电子商务消费水平产生叠加效应。

（1）网上农贸市场　迅速传递农林渔牧业供求信息，帮助外商出入属地市场，帮助属地农民开拓国内市场、走向国际市场。进行农产品市场行情和动态快递、商业机会撮合、产品信息发布等内容。

（2）特色旅游　依托当地旅游资源，通过宣传推介来扩大对外知名度和影响力。从而全方位介绍属地旅游线路和旅游特色产品及企业等信息，发展属地旅游经济。

（3）特色经济　通过宣传、介绍各个地区的特色经济、特色产业和相关的名优企业、产品等，扩大产品销售通路，加快地区特色经济、名优企业的迅猛发展。

（4）数字农家乐　为属地的农家乐(有地方风情的各种餐饮娱乐设施或单元)提供网上展示和宣传的渠道。通过运用地理信息系统技术，制作全市农家乐分布情况的电子地图，同时采集农家乐基本信息，使其风景、饮食、娱乐等各方面的特色尽在其中，一目了然。既方便城市百姓的出行，又让农家乐获得广泛的客源，实现城市与农村的互动，促进当地农民增收。

（5）招商引资　搭建各级政府部门招商引资平台，介绍政府规划发展的开发区、生产基地、投资环境和招商信息，更好地吸引投资者到各地区进行投资生产经营活动。

二、电子商务市场拓宽增收渠道

1. 农村电商主营产品拓宽

据国内专家对淘宝网商品种类校核分析，2017年全国各省“淘宝村”主营产品分布特点如下：

（1）东部沿海地区　北起河北，南至广东的沿海六省承包了全国近九成的“淘宝村”。这些东部沿海省份的“淘宝村”经营的产品品种非常丰富，且大多以规模生产的形式存在。尤其是轻工业中与日常生活密切相关的服装、鞋业、箱包、家具等行业，网商销售的集中度非常高。

（2）中西部地区　相较东部沿海六省，中西部地区“淘宝村”的主营产品与地方资源联系更为紧密。如湖北省十堰市郧西县涧池乡下营村的绿松石手工艺制品、云南省大理白族自治州鹤庆县草海镇新华村的银饰、河南省许昌市建安区灵井镇郭店村的社火道具、河南省洛阳市孟津县平乐镇平乐村的牡丹画等。

（3）东北地区　“淘宝村”主要分布于辽宁、吉林两省。吉林的特色产品主要为大豆、食用菌、黑木耳等农产品，东北特色鲜明。辽宁“淘宝村”最有影响力的主营产品是服装，尤其沿海城市一枝独秀，依托西柳中国商贸城在北方地区的影响，形成了以北派服装、小商品产业为主的“淘宝村”。

从上述“淘宝村”主营商品分布可知，乡村电子商务并没有局限在售卖农产品的范围内，而是大大超出农业的界限，例如服装、鞋业、箱包、家具、手工制品、银饰、乡村画作品等领域都能涉足。

这意味着，乡村电子商务不仅拓宽了各地特色农产品的市场范围，还为农村引入适合发展的各种制造业及其相关产业链，为丰富农村产业带做出很大贡献，拓宽了农户增收创业的市场空间。

2. 农村电商创业机会增加

（1）网店创业模式　在淘宝网、天猫网、京东商城等知名平台开设网店，以自产农产品或其他产品为售卖对象，开展网上销售，实现创业致富。这是农村电商中最主要的创业方式，容易在农村中产生连带效应，往往开始为一个人或几个人率先开店运营，获得成效后很快带动全村或全县的农户纷纷开立网点，销售同类产品，形成农村网店聚集区。当网店数量和交易规模达到一定程度时将被企业或政府等机构评为“淘宝村”和“电商村”等。

（2）自建平台模式　由当地创业者引进电子商务公司，自主开发农产品网上交易平台，再由当地政府组织农户集中通过自建平台销售农产品，打造本地电子商务平台市场，形成自有平台品牌。这种方式在电子商务业态发达的地区容易成功，要求依托当地充足的电子商务技术和运营人力资源,并且占据同类产品网络市场的先机，浙江遂昌县是典型案例。其他地区不宜轻易采取这种方式创业。

（3）电商服务模式　围绕网店运营，离不开与之紧密相关的服务业支持，诸如物流服务、金融服务、供应链服务、美工服务、视频服务、直播服务、数据服务、园区服务、政务服务，等等，这即是所谓电子商务生态圈。以物流服务而言，目前国内县级地区基本实现快递网络覆盖，但是从县级到村级的物流服务仍然在成本效率上极为落后，建设和发展的空间很大，为回乡创业者创造更好、更多的创业机会。事实上,电子商务生态圈拓宽了乡村创新创业的途径。

（4）乡村旅游模式　休闲农业、乡村旅游和农村电商的融合发展，因其组合成本相对较低，成为乡村振兴普遍适用的主流模式。通过农业休闲化，将播种、浇水、除草、采摘等过程转变为体验场景，结合观光、游玩、农家乐、民宿、民俗、表演等乡村旅游元素，采用电商服务满足游客即兴购买特色产品的需要，将旅游宣传、移动支付、物流快递、售后跟踪等服务集于一体，形成休闲农业、乡村旅游及农村电商一条龙的服务产业带，做到乡村全员参与，做大乡村“经济蛋糕”。

（5）电商培训模式　在乡村电子商务示范县项目中，国家和地方政府均给予足够资金用于电子商务培训，要求培训次数、培训人数和培训层次达到全覆盖的标准，蕴藏着较大的需求。具备电商运营经验的返乡青年，可以一边进行电商创业，一边从事电商培训，将培训作为电子商务服务的一部分，发挥普及电商购物知识、指导网店实操运营和完善电商服务体系的作用。

三、电子商务产业可持续性扶贫

1. 电子商务促动产业基础改造

我国 90% 的贫困地区分布在林区、山区、沙区，这些地区的特点是资源丰富、绿色生态、产品优质，但人烟稀少、产业分散、交通不便、物流不畅、信息不通，最终因缺乏增收的环境条件而导致贫困。

其一，通过实施乡村电子商务，加快了乡村互联网普及应用，目前我国乡村地区基本实现网络全覆盖，初步解决“信息不通”问题。其二，乡村电子商务促进乡村物流的建设和发展，第三方快递物流的触角迅速抵达县乡镇，电商平台的渠道下沉到乡村。其三，因“淘宝村”“电商村”纷纷兴起，乡村交通条件大为改观，例如重庆忠县为了让电子商务直达村里，扩建一条村级“电商路”，满足电商货物双向通行的要求。其四，乡村电子商务促使农业集约经营，把分散的农户和分散的产业集合到一起，适应电子商务规模化市场的特点，或者引入新的产业聚集发展，改变乡村主体产业结构。其五，乡村电子商务利用信息平台将乡村分散的需求集合起来，然后再进行统一管理、统一运作和统一配送，有效降低综合服务成本，保证电子商务进农村具有市场驱动性。

2. 电子商务产业适合创业致富

在落实产业扶贫政策中，电子商务产业成为最适合的方式之一。一些农村地区把电子商务产业作为调结构、促创业、惠民生的有效抓手，创新举措、精准发力，电商产业蓬勃发展，经济活跃度持续提升。

据近两年数据显示，2017 年天猫店铺为 188 349 家，淘宝店铺有 9 701 822 家；2018 年天猫店铺为 219 086 家，淘宝店铺有 10 181 876 家。淘宝天猫店铺的数量呈上升趋势。业界共识，目前在电商创业中，选择淘宝天猫开店仍然是门槛最低的一种模式。一些电商服务企业明确提出“选择淘宝开店是最适合普通人的微创业项目”，并推出“电脑 + 手机 = 两店同开”的“稳赚”模式和“在家 + 开店 = 一部手机”的“躺赚”模式。通过开设网店带动电商产业发展，促进乡村农户整体致富的事例比比皆是，下面是两个典型事例。

2018 年 10 月 12 日，第三届中国农村电子商务大会在浙江丽水举行，评选出 2018 中国农村电商致富带头人共 100 名。其中，闻远科技总裁蒋海滨（花名：余斌）获得“2018 中国农村电商致富带头人”荣誉称号。蒋海滨以服务创新的经营模式，先后推出了闻远教育、村一味、农村互联网超市、勤劳致富等电商服务体系和子品牌，率领闻远科技以“让农村创业更简单”的宗旨，摸索出多套可操作、能落地、有成效的县域电子商务发展模式。

广东省大埔县枫朗镇四联村依托自主创建的“四联货栈”电商平台，帮助群众开源增收，使电商产业成为脱贫致富的新引擎。他们联络大埔县44个省级贫困村建立合作关系，并成立“大埔县电商扶贫联盟”，由各贫困村合作社组织本土货源，“四联货栈”电商平台运营者负责统筹，成立综管、商品采购、运营、物流、客服5个部门，带动贫困村农特产品上网销售。2016年，全村收入仅3万元，2018年，依靠“四联货栈”营业收入达到110万元，带来利润26万元，人均分红10%，人均年可支配收入由过去的3 000元提高至1万元。

3. 乡村电子商务破解贫困难题

大庆市卓创多媒体制作有限公司董事长邹晶虹，被中国商务部、中国国际电子商务中心、中国农村电子商务大会组委会评为“2018中国农村电商致富带头人”百强。她认为，实施乡村振兴战略，促进农村全面发展和繁荣，乡村电商已经成为乡村振兴的一个重要手段。她还认为，贫困村有其共性问题：一是贫困户人口大多丧失劳动能力；二是部分村民无子女或子女有残疾伤病等，不能赡养老人；三是贫困村地理位置偏僻，无支柱型产业，整个地区的经济发展都相对落后。针对这些问题，她摸索出一条可持续推进的“电商扶贫之路”，分为3个阶段：

（1）第一阶段，引入优质企业进入贫困村　他们引入“爱心企业入驻贫困村”，发掘一些具有地域优势的爱心扶贫产品，爱心企业通过在贫困村中收购农产品，并将收益中的一部分返还到贫困村作为扶贫专用资金，提升贫困村的整体收益水平。

（2）第二阶段，帮助贫困村包装村域特色农产品　他们发掘一些具有地域优势的企业，帮助农民建立自己的品牌、注册自己的商标，选定最具特色的农产品，进行全方位的包装，最后联合当地扶贫工作队，与贫困村形成联合的合作社，生产出有本土优势的产品，形成地域农产品品牌。

（3）第三阶段，实现贫困村农产品全程追溯体系　首先在贫困村铺设农产品全程追溯体系，然后完成“土地锁定消费者”整体布局。与国内的大机构签订“以销定产”的合作方案，帮助贫困村从过去无资源、无劳动力、无品牌的困境中开发出一种产销新模式，最终实现真正净化农产品市场，让更多健康食品到达消费者餐桌。

第四节　乡村电子商务基础设施完善

习近平总书记强调，“要补齐农村基础设施这个短板”，并指出要“逐步建立全域覆盖、普惠共享、城乡一体的基础设施服务网络”“重点抓好农村交通运输、农田水利、农村饮水、乡村物流、宽带网络等基础设施建设”。其中，农村交通运输、乡村物流和宽带网络基础设施对乡村电子商务起着重要的支撑作用。

一、乡村物流统筹建设

1. 农村交通道路改造

据交通运输部公布，截至2017年年底，我国国省干线公路连接了全国县级及以上行政区，农村公路通达99.99%的乡镇和99.98%的建制村。近5年来，全国新改建农村公路127.5万千米，约98.3%的建制村通上了水泥路，通客车率达到96.5%以上。

“要想富，先修路”，说了几十年的话，在广大农村地区依然应验。“路是农村的命脉，路通了，农村才能振兴”“农村公路越修越好，我们当地人的致富路也越走越宽”。这些都是来自全国各地偏远农村农民的心声，很有代表性。

据重庆市忠县乡村电子商务实施经验，现有村级公路普遍采用单车道，只能单向低速通过小型农用车，不能满足电子商务进农村的需要。经过改造后，适应电子商务物流需要的村级公路，应当达到能够双向通行小型或中型货车的道路宽度，同时通行速度达到40千米/时以上。乡村振兴战略实施中，农村交通道路改造建设任重道远。

2. 乡村物流体系建设

（1）乡村物流设施　2019年1月，交通运输部办公厅发布《关于推进乡镇运输服务站建设加快完善农村物流网络节点体系的意见》，提出以改进和提升乡村物流服务供给为主线，以提高乡村物流服务覆盖率和服务品质为目标，坚持需求导向和问题导向，加快建设县、乡、村三级农村物流网络节点体系、培育龙头骨干物流企业、推广先进运营模式和信息技术，构建资源共享、服务同网、信息互通、便利高效的农村物流发展新格局。

该项工作主要包含5个方面的任务：一是提高农村物流网络节点覆盖率，优化服务功能，增强基本公共服务能力；二是创新乡村物流运营模式，整合农产品供应链资源，增强扶贫攻坚支撑保障能力；三是加强乡村物流信息化建设，促进资源整合与合理配置，提高运营效率；四是推广应用先进的物流装备，提高运输装载效率，增强专业化服务能力；五是培育龙头骨干企业，健全服务标准规范，提升服务品质。

其中，乡村物流基础设施建设具体包括乡镇运输服务站和村级农村物流服务点，类型如下：

乡镇运输服务站包括三种类型：一是新建具备集客运和物流服

务功能的乡镇运输服务站；二是对既有乡镇客运站、交管站、公路养护站等站场设施进行改造升级的乡镇运输服务站；三是交通运输企业充分利用邮政、供销社、电商服务网点等设施资源，通过业务合作的方式统筹组织辖区内的农村物流服务的乡镇运输服务站。

村级农村物流服务点包括两种类型：一是充分利用村相关公共设施资源，为乡村物资集散提供服务的场所；二是以小卖店、超市、村邮站为载体，开展日用生活消费品、农资以及快件接取送达服务的场所。

（2）乡村物流服务　目前乡村电子商务物流服务主要依托三级物流体系得以运转，即县级物流中心、乡（镇）物流服务站和村级物流网点。

县级物流中心，需要具备信息整合发布、运力统筹调配、货物定向配送、综合协调服务于一体。建设及运营要求如下：

配置

有地——县城要有县级物流中心，各乡镇要有乡镇物流服务站，各乡村要有村级物流网点。有车——要有专门配置的具有运载能力的乡村物流配送车辆。有人——各级物流点都要有专人负责接收、寄送物流包裹。

服务

能送——能将全县的物流包裹及时、有序地送到乡镇、村级物流网点。能收——可以将村点寄出的包裹及时收取并送至县级物流中心进行中转。

标准

快速——从县城到村社 1~3 天内送达。便宜——做到和同城其他任一快递相比价格便宜或持平。

据部分地区农村电商实施经验，通过组建物流联盟，引入并整合县域内各家快递物流企业，共建物流快递标准体系，保证物流网点行政村覆盖率达到80%，网点配置快递物流车及配套物流配送周转设施，可以实现快递包裹从县城到农村48小时内送达。

二、完善电商公共体系

1.乡村电商公共服务体系必要性

2015年7月，财政部办公厅和商务部办公厅联合发布《关于开展2015年电子商务进农村综合示范工作的通知》，最早提出“健全乡村电子商务支撑服务体系”，并提出建设县域电子商务服务中心和村级电子商务服务站点的具体任务。2016年7月，商务部办公厅印发《农村电子商务服务规范》（试行）和《农村电子商务工作指引》（试行），进一步全面提出搭建综合性的县域乡村电子商务公共服务体系，规定这个体系应当包含6个方面的建设内容，即县级乡村电子商务公共服务中心、乡村电子商务培训体系、乡村电子商务物流体系、农产品电子商务供应链管理体系、乡村电子商务营销体系和乡村电子商务服务站体系。这两个文件的形成，得益于此前国内电子商务进农村综合示范工作的探索和总结，凝聚了国内大型电商平台企业深入实践和先进地区县级政府推进农村电商经验的结晶，具有现实指导意义和极强的可操作性，同时解答了乡村电子商务公共服务体系建设的必要性。

据业界专家分析，乡村电子商务发展，沿海地区与内陆地区具有不同的路径。沿海地区占据电子商务平台企业与密集产业的有利条件，电商人力资源和服务资源丰富，农村与城市临近且道路连贯，电子商务产业容易随着市场需要自然延伸到乡村，具有自发产生的特点。当沿海地区农村电商发展起来之后，发现若要让电商产业继续深入农村并发展壮大，必须在电商平台、物流园区、公共交通、物流站点、农产品收购组织、特色产业规划、区域品牌塑造、产品质量背书及综合环境治理等诸多环节加以统筹建设，才能够对本地农村电商提供更好的支撑。因此，沿海地区的县域各级政府纷纷扮演了统筹规划和主动引导的角色，例如杭州市率先在国内推行农村公共服务体系建设工作。2013 年杭州市农办开始建设乡村电子商务公共服务平台，该平台首批集聚 100 家农业电子商务网站或网店，通过整体的宣传推广，引导网民与集聚网站的信息对接；开设行业网站集成模块，使农业企业通过平台就能找到适合的行业网站，通过信息发布与对接，促进销售；开设农社对接模块，促进城市社区和农产品供应商的供销对接；建立公共服务平台，开发农产品质量检测数据库，整合全市县（区）及所有乡镇（涉农街道）检测机构检测数据、基地自检数据，实现杭州范围内农产品质量数据的集中管理、统一分析和网络化查询，对网销农产品的品质提升发挥重要的促进作用。

对于内陆地区，发展乡村电子商务，由于不具有沿海地区在电商产业、传统产业和地理交通等方面的优势，缺少自发生成的动力，而一般采取被动牵引的方式进行发展。据农村淘宝概略统计结果表明，内陆地区农村电商推进过程的一般情况是，政府主要领导率先前往沿海先进地区学习考察，或由县政府主要领导邀请沿海地区农村电商专家及企业高层到本地宣讲咨询，接着在本地开展从上到下的各级电商培训，然后鼓励农户在淘宝等知名电商平台开店，组织农户销售本地特色产品，同时主持电子商务公共服务设施规划、建设和推广工作，为本地农村电商创造必需的环境条件，有力地带动本地农村电商起步和成长。

综上分析，在后发地区，特别是西部地区，推进乡村电子商务必须由当地政府主持并引导，通过深入挖掘网络市场的潜力，形成政府推力和市场引力的合力，才能使乡村电子商务工作事半功倍。

2. 乡村电商公共服务体系的职能

据学者研究，在县域电子商务公共服务体系中，公共服务中心对于推动县域农村电商产业的发展十分重要，它同时承载着整个服务体系的核心职能，在此基础上通过覆盖全域的乡村物流站点和电商服务站点，再将各种服务职能传遍村社与农户。公共服务中心的建设一般立足于整合各方资源，构建培训、物流、农村服务站、农村产品营销和供应链体系，力求解决理念、创业培训、氛围营造、农产品销售、O2O 农村消费等问题，推动政府制定相关配套政策。具体表现为：一是承接政府公共服务职能，协助网商和农村居民对接政府相关职能部门及第三方服务商等，让有意参与农村电商发展的企业、农户等市场主体找到所需的相应服务；二是推动农村产品上行，提供公共仓储、代发货等基础服务；三是加强产品质量控制，制定标准，建立农村商品供应链上行体系（图 4–2）。

县域电子商务体系如同一个完整的“人”，县级政府是体系的“心脏”，公共服务中心上传下达政府的指示，是“大脑”，负责整个体系业务的统筹开发、协调运营，“心脏”和“大脑”协调统一，共同推动各项工作的实施；仓储物流体系是负责货物流通的“脚”，村服务站是帮老百姓代买代购的“手”，“手”和“脚”构成了双向流通渠道，保证了各项应用业务的实施；整个体系如人体活动一般，协调统一，可循环、可持续。

县域电子商务公共服务中心提供的服务具备“公共”属性，其

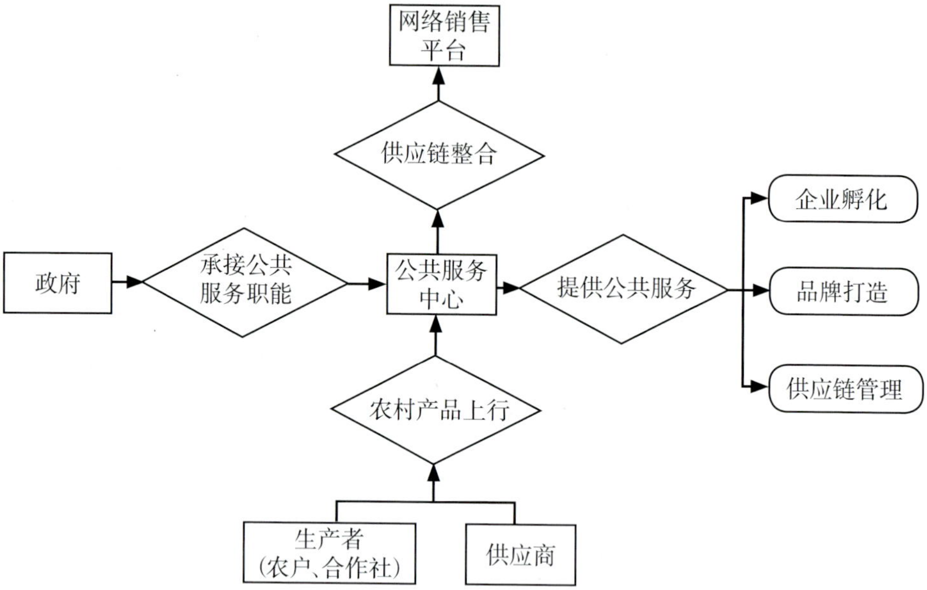

图 4–2　县域电子商务公共服务中心职能示意图

场景见图 4–3、图 4–4。实践中，常常发挥以下作用：

图 4–3　县域电子商务服务中心培训场景

图 4–4　县域电子商务服务中心展示场景

（1）为当地政府服务　引进、培育当地电子商务人才，需要具备培训功能。

（2）为当地企业服务　为企业的优质产品提供展示、推广、销售的平台，需要具备展示功能。

（3）为当地创业者服务　提供低成本的创业软硬件支持，如办公场地、设施，持续的技能提升服务等，需要具备孵化功能。

（4）为当地普通老百姓服务　提供代购、代销、金融、物流服务，如话费充值、存取款、寄收快递等服务，需要具备基础的本地生活功能。

第五节　电子商务驱动乡村综合治理

据陈芳芳等研究，目前学者对乡村治理发展的一致看法是“推动治理主体的多元化”。乡村治理最有效的形式便是实现村民、村级社会组织和政府的合作机制，发挥各自所长，各司其职。经济基础决定上层建筑，乡村经济形式的变迁必然引起乡村利益结构的重构，进而引发村民的政治参与程度和村庄权威的重塑，最终导致村庄治理形态的转换。当前乡村经济转型最具时代特征、影响力和典型性的案例莫过于电子商务作用下的乡村发展。“淘宝村”的大量涌现不仅快速、深刻地影响着乡村的生产、生活，乡村治理体系也处于激烈的重构之中，一种新的治理模式——与乡村电子商务发展相适应的模式正在悄然形成。

一、乡村集体经济复苏

在电子商务驱动下的乡村发展过程中，乡村治理结构直观表现为过去以乡镇政府为顶端、村级组织为中间层、广大村民为末端的金字塔层级结构的解体。乡村治理主体开始由一元主宰向多元化共治的结构转变，不仅实现了乡村内外治理结构的双向重构，且催生了协调沟通内外的中间治理层级。

1. 乡村内部治理重构

乡村电商的快速发展推动了乡村集体经济的复苏，村民利益主体意识和权力主体意识迅速觉醒，在经济利益的作用下开始更多地、主动地参与到乡村治理事务中，逐渐回归到乡村治理的主体地位。在电商驱动的乡村治理重构过程中，新出现的经济精英凭借其在村民中的威望与号召力，开始成为乡村治理精英，形成乡村多元化治理主体中的中坚力量。同样在经济效益的作用下，村委会逐渐转变其过去“消极”的乡村治理逻辑，村庄治理事务也从传统的包括组织灌溉、自卫、调解纠纷、互援、娱乐和宗族活动等，转向提供促进电商发展的相关服务。

2. 乡村外部治理重构

乡村外部治理重构是指县及以上政府和乡镇政府在乡村治理中行为逻辑的转变。一方面表现为上级政府对乡村电商发展及其治理的高度关注，将发展乡村电子商务作为推动农业升级、乡村发展、农民增收的重要抓手，密集出台相关政策；另一方面表现为在乡村治理中提供公共服务，乡镇政府作为国家政权体系的基层组织、乡村治理的直接领导者，在乡村电子商务的发展过程中同样表现出治理职能的“服务电商”转向。尤其在电商不断发展升级的过程中，政府对乡村治理的干预能力不断增强，乡村与政府的关系开始由松散变得更为紧密。

3. 中间治理层级出现

电商驱动的乡村治理多元化的另一个重要特征是新兴治理主体的崛起，它们作为中间治理层级推动了政府、社会以及村民的合作互动过程。新兴治理主体主要体现为两类：一类是为实现对乡村电子商务的归口管理而成立的临时性体制内协调机构，它们能够缩短上级政府与基层政府之间的沟通距离，为基层参与决策、沟通等提供良好的条件，从而减少不必要的层层指示、层层汇报；另一类是为保障电商行业健康持续发展、协调乡村内外治理主体而成立的体制外经济组织，通过它们可以共享市场信息、降低生产成本、增强抵御风险的能力。更重要的是，这类体制外组织的设立可以克服单个村民在利益表达方面的弱势地位，成为村民参与乡村治理的重要途径。

二、培育乡村电商人才

人才匮乏成为乡村电商发展的瓶颈，不少电商从业人员缺乏足够的知识，特别是电商经营环节中所需的产品策划、质量标准制定、品牌包装、宣传推广等方面知识。要发展乡村电子商务，人才至关重要，无非是“外部引进”和“内部培育”两个路子。然而，现有农村条件下引进电商人才非常艰难。当务之急，培育一批扎根本地的电商人才队伍，尽快弥补短板，成为必然选择。

1.乡村电子商务人才分类

乡村电子商务人才总体上包括电商组织人才、电商技术人才和电商运营人才三大类。其中，电商组织人才主要承担本地电商环境统筹规划与建设任务，大多为各级政府领导及相关部门公务员等；电商技术人才主要从事电商平台技术维护和电商网店装修制作方面的服务；电商运营人才则主要负责网店选货、网店优化、网店交易处理和供发货管理等实操工作，是实现创收目标的核心人员。

根据上述分类，乡村电子商务人才的来源是：

（1）本地政府及民间机构　电商组织人才主要来源于乡村当地政府及民间机构，政府商务局、大数据局、农业农村局等部门的领导和公务员，以及当地电子商务协会、其他行业协会等秘书长及其秘书组成员。

（2）本地企业及创业者　电商技术人才及电商运营人才主要来源于本地农产品企业、传统企业、电商服务企业和创业者。实际中，企业对两种人才的需求是同时发生的。农产品企业和传统企业第一需要是电商运营人才，他们可以直接为这类企业开辟网络市场，实现网络销售。与此同时，做好电商运营则需要电商技术人才给予密切支撑，这类人才往往以电商服务企业的形式聚集在一起，便于为各行各业输出规范化的技术服务，包括程序开发、图形制作、品牌设计、视频采编、数据分析等。

（3）外来企业及返乡青年　在政府等机构统筹运作之下，当特色产业发展条件成熟之际，会吸引外来企业入驻乡镇，一方面引来企业投资加速本地电商发展，另一方面随着企业迁入带来高端电商技术及运营人才。同样，会吸引外出打工人员返乡创业，有的引入新的产业，有的创建新的电商企业，还有的直接为传统企业开展电商运营或代运营。

上述三类人才中，电商运营人才需要漫长的经验积累过程，因此最难以获得；电商技术人才必须融入电商运营之中，让技术服务随电商运营增收而成长；电商组织人才要为电商运营创造良好的政策、产业、设施、安全和村貌等环境，消除电商运营的诸多障碍。

2.广泛开展电商人才培训

要采取正确方式，开展乡村电商精准培训，做到因材施教，因地制宜，务求实效。通过乡村电商人才培训，达到提高乡村电商人员综合素质的目的：

第一，让农民准时准确知悉国家相关政策及发展方向，让农民及时掌握农业信息及市场需求，能够根据政策及市场的变化对农业产业进行调整。

第二，抛开传统以务农为主的固有模式，拓宽眼界，提高思想境界，将自己打造成现代“新农民”，充分利用现代化科技手段增值创收。

第三，让农民认识农产品的种植技巧及品质监控，利用各方资源提高农产品种植质量，保证农产品安全等，是农村电商的“命根子”。严禁以次充好，从源头控制农产品品质。

第四，提高农民标准化意识，认识标准化工作在农村电商优化成本、提高效率方面的作用。通过制定农产品生产销售等管理标准，实时监督各个环节。生产者依据标准规定组织生产和销售，邀请国家有关部门实施监察和督导，全程透明化，让消费者放心。

培训要有针对性，做到结合当地产业特色，对薄弱环节“对症下药”。设置课程级别，对于年纪较大、网络意识薄弱、农产品电商推广工作经验不足的民众、没有电商知识的农民来讲，要由浅入深，由简单到复杂。整合师资资源，加强各培训机构或地方的沟通和交流。对于有一定基础的种养大户、大学生村官、经纪人等，要根据他们的知识程度制定课程体系。邀请知名农业电商人才进行宣讲，以其切身的经历言传身教，必能达到事半功倍的效果。可加强政府干预手段，实行责任制，先培训一批农特电商骨干，再以“一对一”或“一对多”的教育培养方法，逐步有序开展培训工作。

三、乡村旅游支撑电商

乡村旅游是指在乡村范围内，将自然景观与人文活动作为主要元素并加以融合，以城市居民为市场目标，提供观光、体验、休闲、娱乐、购物等多样化旅游服务，对乡村特色资源进行挖掘利用，采用农家乐、合作社或村社自主经营模式实现盈利。电子商务为乡村旅游的传播插上翅膀，乡村旅游又为乡村电子商务丰富了内涵，两者融合极大地促进乡村产业结构健壮强大。

1.电子商务带动乡村旅游

乡村旅游项目不像九寨沟、峨眉山等著名景点那样拥有世界级的旅游资源，而大多数项目小巧分散、默默无闻，需要人为地挖掘旅游素材、改造乡村环境，进一步凝练核心功能，解决宣传传播的问题，才能将乡村的自然资源和文化痕迹锻造成一种新的乡村旅游产业。城市人群普遍厌倦紧张单调的城市生活，工作之余大多寻求休闲的田园去处，乡村旅游恰好满足这种需要。田园休闲的特点是，经常性进行、消费成本低廉、活动内容多样、选择场景多变、城市周边中短程距离范围（一般300千米以内）等。在这种市场需求驱动下，城市周边300千米内迅速形成星罗棋布的乡村旅游网点，要让这些名不见经传的众多旅游网点尽快公之于世，只有电子商务才是乡村旅游最好的推广传播手段。

电子商务对乡村旅游的带动作用主要表现在以下几个方面：

（1）推广宣传　通过网站、微信公众号、小程序和APP等方式，把乡村旅游信息装饰起来，并方便地在互联网上进行公布和转发，有效解决宣传传播问题。这是电子商务带动乡村旅游发展的基本方式，用网络将偏僻的村落直接连到城市的人群中。

（2）强化服务　电子商务可以为乡村旅游中的特色产品销售推波助澜，不仅通过网上商城实现预定、购物、认养的交易行为，而且提供电子支付、现场包装、物流配送等一揽子售后服务，极大地解除游客及时消费的后顾之忧，同时提高服务效率和质量，为乡村旅游注入现代元素。

（3）跟踪互动　电子商务可以让乡村旅游经营者与游客或消费

者实现随时互动，主动发现消费者的需求，采取网上优惠等活动，激励消费者产生重复购物，同时鼓励游客自主发布体验观感等信息，吸引更多新游客，带动老游客再重游。

2. 乡村旅游丰富电商内涵

成都大梁文化旅游集团董事长梁川在“第六届成都农博会之2018 成都农业农村新经济发展论坛”上提出：“乡村旅游靠人为开发和打造，一定要有文化，才有故事”；“发展乡村旅游，不能局限于传统农家乐的做法，仅让游客吃一吃、逛一逛，而要抓住地域特色，让游客深度体验，让文化和产品‘活’起来”；“乡村旅游深度体验，既要农、文、体、康、旅全方位结合，又要考虑老、中、青三代的不同休闲方式”；“曾经以亲子项目为特色的中国酒庄，如今开发出爱情、养生等主题项目。一个爱情主题，还能延伸出包括婚纱摄影、婚俗体验、婚礼、婚庆、婚宴等在内的一整条产业链”；“一个项目要发展，不能故步自封，而要满足游客不断变化的需求”。

按照上述理念开发乡村旅游项目，其中获得的文化、故事、体验、主题等内容，可以充实电子商务的宣传内涵，使网站内容更加丰富、网店风格更具特色、微信公众号主题更鲜明、小程序商城格调更清新、APP 程序体验更细腻，将乡村旅游电子商务应用水平提升到一个新的高度，再推动乡村旅游品牌的塑造和传播，衍生更加细化的产业生态，让乡村旅游项目丰满快速发展。

四、公共事业对接电商

1. 乡村公共事业涉及范围

公共事业是指负责维持公共服务基础设施的事业，包括教育、医疗、文化、电力、供水、废物处理、污水处理、燃气供应、交通、通信等公共服务。

乡村公共事业则是指关系到全体乡村居民基本生活质量和共同利益的社会公共事务。乡村公共事业，主要包括乡村教育事业、乡村医疗卫生事业、乡村社会保障、乡村文化事业、乡村公共交通、乡村公共基础设施、乡村环境保护、乡村扶贫开发等内容。它们既包括乡村教育文化等社会事业，也包括乡村交通环保等公用事业。

2. 乡村公共事业与电子商务关系

据徐珉钰等调查显示，在义务教育、基础医疗、社会保障、基础养老、就业服务、农技推广等基本公共服务中，农村居民最关心、最需要的三类基本公共服务是医疗卫生服务、子女教育和养老服务，其次对职业技能培训、就业信息服务、农村道路交通建设和农田水利设施建设等服务的需求也较高，而对文体、环保服务的需求度不高，在一定程度上反映出农村居民的文化、体育、娱乐和环保意识不强。针对这些情况，乡村电子商务应当以合适的方式切入公共事业中，起到拓宽服务范围、创新服务方式和丰富服务内容的作用。

（1）切入村民最关心的三大领域　在医疗卫生、子女教育和养老服务方面，电子商务能够以创新方式解决村民的痛点。例如，医疗卫生方面，针对乡村医疗水平差的问题，可以引入网上远程看病或对症信息咨询等电子商务服务；子女教育方面，针对乡村教育缺乏优质师资的问题，可以引入网上远程课程直播及泛读文献下载等服务；养老服务方面，针对“老无所依”的状态，可以推出老人健康数据监控、养老家政网上预约、异地亲友网聚会等服务。

（2）切入村民较关心的实用领域　在职业技能培训、就业信息服务、农村道路交通建设和农田水利设施建设等方面，电子商务能够注入更多的资源。例如，职业技能培训直接可以开展电子商务知识及网店运营技能 O2O 教学，支持乡村电子商务推广和应用。就业信息服务方面，可以对接知名招聘类信息平台，利于村民寻找外出务工和创业机会，或者建立乡村创业就业平台，发布本地乡村招商引资信息，吸引外部企业、人才和资金入乡孵化。农村道路交通建设和农田水利设施建设方面，借助国内权威招投标平台，发布招投标信息，引进先进设计、设备及技术，拓宽优选范围。

（3）切入村民不关心的高品质领域　调查表明，村民在文化、体育、娱乐和环保方面关注度不高，主要原因在于目前村民的需求仍处于低层次水平。随着乡村经济的不断发展，村民对提高生活水平的需求日益增长，高品质生活元素将成为村民追逐的目标。文化、体育、娱乐和环保代表高品质生活不可或缺的重要元素，需要尽早培育和建设，引导并刺激乡村居民尽快步入高品质生活阶段。当前，文化、体育、娱乐和环保领域的电子商务模式已经非常成熟，网上图书商城、网络文学阅读、网络影视点播、音乐唱吧分享、自媒体创作、运动健身测评、智慧乡村公园等，都能即刻通过乡村电子商务服务体系载入村民的现实生活中。

五、电子商务法之规范

1. 电子商务法概述

（1）生效日期　2018 年 8 月 31 日，第十三届全国人大常委会第五次会议表决通过了《中华人民共和国电子商务法》（以下简称《电子商务法》），并定于 2019 年 1 月 1 日起正式实施。从此，我国电子商务领域有了专门的法律规范和法律依据，电子商务行业不再是法外之境，网络监管也成为市场监管的重要组成部分。

（2）形成目的　自 2013 年 12 月第一次起草会议召开，《电子商务法》共经历了 5 年的立法进程，包括 3 次公开征求意见、4 次审议，经过各方利益的反复拉锯和博弈，最终落定。该法的根本目的是保障电子商务各方主体的合法权益，规范电子商务经营者的行为，维护市场秩序，促进电子商务持续健康发展。

（3）规范对象　本法中所规范的电子商务活动，主要是指通过互联网等信息网络销售商品或者提供服务的经营活动。涉及的主体主要有电子商务经营者、电子商务平台经营者和消费者。

（4）基本特点　本法遵循的基本原则同时体现其特点，即是线上线下平等对待，加重平台责任，保护消费者权益，促进电商发展。既对电子商务经营者义务、平台责任、基本规则等做出奠基性规定，也对实践中一些争议问题将现实经验沉淀成文。无论是立法动议，还是起草审议，或是未来实施，由于对互联网行业至关重要，其立法过程实质是利益各方的博弈过程。这部平衡各方角力的新法将改变互联网世界。

2. 电子商务法内容

立法过程中，各方代表经过博弈平衡后，形成如下最具特点的法律条款：

第十条：电子商务经营者应当依法办理市场主体登记。但是，个人销售自产农副产品、家庭手工业产品，个人利用自己的技能从事依法无须取得许可的便民劳务活动和零星小额交易活动，以及依照法律、行政法规不需要进行登记的除外。

第三十八条：电子商务平台经营者知道或者应当知道平台内经营者销售的商品或者提供的服务不符合保障人身、财产安全的要求，或者有其他侵害消费者合法权益行为，未采取必要措施的，依法与该平台内经营者承担连带责任。

对关系消费者生命健康的商品或者服务，电子商务平台经营者对平台内经营者的资质资格未尽到审核义务，或者对消费者未尽到安全保障义务，造成消费者损害的，依法承担相应的责任。

第四十二条：知识产权权利人认为其知识产权受到侵害的，有权通知电子商务平台经营者采取删除、屏蔽、断开链接、终止交易和服务等必要措施。通知应当包括构成侵权的初步证据。

电子商务平台经营者接到通知后，应当及时采取必要措施，并将该通知转送平台内经营者；未及时采取必要措施的，对损害的扩大部分与平台内经营者承担连带责任。

因通知错误造成平台内经营者损害的，依法承担民事责任。恶意发出错误通知，造成平台内经营者损失的，加倍承担赔偿责任。

3. 电子商务法促变

（1）电子商务服务更加规范　《电子商务法》明确电子商务是指通过互联网等信息网络销售商品或者提供服务的经营活动。这个定义意味着，电子商务不仅包括通过互联网等信息网络销售商品的行为，还包括通过互联网等信息网络提供服务的行为。因此，网约车、外卖、旅游和家政等各种网络平台服务，也都属于《电子商务法》所管辖范围。对于这些网络服务平台而言，不仅要接受相应行业主管部门行业管理规章约束，还要接受《电子商务法》的监管，它们的服务在双重监管下会变得更加规范。另外，考虑到某些服务行业的特殊性，该法律同时明确了金融类产品和服务以及利用信息网络提供新闻信息、音视频节目、出版以及文化产品等内容方面的服务不属于《电子商务法》管辖范围。

（2）电子商务经营将更加公开透明　《电子商务法》从两方面

措施入手，让国家监管部门和消费者对电子商务经营者信息有了更加全面的了解。一是，《电子商务法》要求电子商务经营者应当依法办理市场主体登记和履行纳税义务，使得监管部门对电子商务经营者信息有了更加全面的了解和掌握，有效地支撑国家电子商务方面政策制定。二是，《电子商务法》要求电子商务经营者应当在其首页显著位置持续公示营业执照信息以及与其经营业务有关的行政许可信息，当信息发生变更时要求经营者及时更新公示信息，该措施使得消费者对经营者的信息有了更加全面的了解，经营者的合法性得到进一步认可。

（3）不诚信经营行为将会得到有效遏制　《电子商务法》从多个方面对电子商务经营者诚信经营提出相应要求。一是，《电子商务法》要求电子商务经营者不得以虚构交易、编造用户评价等方式进行虚假或者引人误解的商业宣传，欺骗、误导消费者。该条款使得传统的刷单、诱导好评等较为普遍的不诚信经营行为都将会得到法律严格管制。二是，《电子商务法》要求电子商务平台经营者不得删除消费者对其平台内销售的商品或者提供的服务的评价。该条款从法律层面保障了消费者的评价权，堵住了不诚信企业企图通过平台删除用户真实评价的监管漏洞，用户评论的重要性被进一步提高。

（4）电商平台对数据利用更加规范　《电子商务法》要求电子商务经营者收集、使用其用户的个人信息应当遵守法律、行政法规有关个人信息保护的规定之外，还提出了额外特殊要求。一是，《电子商务法》要求电子商务经营者根据消费者的兴趣爱好、消费习惯等特征向其提供商品或者服务的搜索结果的，应当同时向该消费者提供不针对其个人特征的选项。该法第十八条规定：“电子商务经营者根据消费者的兴趣爱好、消费习惯等特征向其提供商品或者服务的搜索结果的，应当同时向该消费者提供不针对其个人特征的选项，尊重和平等保护消费者合法权益。”该条款规范了平台利用个人数据做精准广告营销行为，保障了消费者对商品自由选择的权利。二是，《电子商务法》要求电子商务经营者不得对用户信息查询、更正、删除以及用户注销设置不合理条件。该条款规范了平台对个人数据控制行为，保障了个人对个人信息的查询、删除和销毁等权益，与欧盟对个人信息数据保护进一步接轨。

（5）垄断竞争将会得到逐步遏制　《电子商务法》要求电子商务经营者因其技术优势、用户数量、对相关行业的控制能力，以及其他经营者对该电子商务经营者在交易上的依赖程度等因素而具有市场支配地位的，不得滥用市场支配地位，排除、限制竞争。从这个意义上讲，近两年发生在大型平台之间，为了争夺用户所采取“二选一”要求或者补贴等行为，都涉嫌违犯《电子商务法》。

4. 电子商务法应用

从 2019 年 1 月 1 日起，《电子商务法》生效后，其实际应用变化举例如下：

（1）身份划分与登记　电子商务经营者可以登记为企业、个体户或农民专业合作社。该法第九条规定“本法所称电子商务经营者，是指通过互联网等信息网络从事销售商品或者提供服务的经营活动的自然人、法人和非法人组织，包括电子商务平台经营者、平台内经营者以及通过自建网站、其他网络服务销售商品或者提供服务的电子商务经营者”。

（2）网络经营场所　如果登记的是个体工商户，允许将网络经营场所作为经营场所登记。

（3）多平台经营场所　对于在一个以上电子商务平台从事经营活动的，须将其从事经营活动的多个网络经营场所向登记机关进行登记。譬如在天猫、苏宁、京东等平台都有店铺卖货的，需要把这几个网络经营场所都向当地的登记机关进行登记，并且所登记的网络经营场所不得用于从事线下生产经营活动。登记机关会在“经营范围”后面注“仅限于通过互联网从事经营活动”。

（4）登记经常住所　允许将经常居住地登记为住所，并由个人住所所在地的登记机关办理登记。

（5）营业执照公示　电子商务经营者应当在其首页显著位置，持续公示营业执照信息，以及与其经营业务有关的行政许可信息。这样，淘宝店铺页面可能会稍作变化，例如划出显眼的位置，让消费者看到营业执照。

（6）创业门槛提高　伴随《电子商务法》的实施，网店运营成本将会有所提高，这对选择网店售卖商品的创业者而言无疑增加了困难。然而，刷单也要交税，这又有效抑制同行之间不正当或不公平竞争，净化了网络交易环境，致使网商压力减小、消费者购物放心、平台发展稳健。

5. 电子商务法影响

《电子商务法》对乡村电子商务有特别规定，该法六十八条规定：国家促进农业生产、加工、流通等环节的互联网技术应用，鼓励各类社会资源加强合作，促进乡村电子商务发展，发挥电子商务在精准扶贫中的作用。总体上，该法对乡村电子商务的各个方面约束条件较为宽松，将有助于解决农产品上行难、农村电商创业者少、物流“最后一公里”难的问题，进一步提高电商扶贫的精准度和实效性，利于催生农村电商新营销和新商业业态，促进农业与电商的有效对接。以下举例说明该法对乡村电子商务的影响：

第十条：电子商务经营者应当依法办理市场主体登记。但是，个人销售自产农副产品、家庭手工业产品，个人利用自己的技能从事依法无须取得许可的便民劳务活动和零星小额交易活动，以及依照法律、行政法规不需要进行登记的除外。

此条有利于个体农户和贫困户将自己生产的农产品、手工艺品等以网络方式进行销售，为他们减少登记注册手续，减轻税负压力，降低电商创业门槛，便捷脱贫致富。但是，对于收购农民种植的农产品再进行销售的，不能算作自产自销，这种情况则需要办理营业执照，并按纳税要求缴纳税费。

第三十八条：电子商务平台经营者知道或者应当知道平台内经营者销售的商品或者提供的服务不符合保障人身、财产安全的要求，或者有其他侵害消费者合法权益行为，未采取必要措施的，依法与该平台内经营者承担连带责任。对关系消费者生命健康的商品或者服务，电子商务平台经营者对平台内经营者的资质资格未尽到审核义务，或者对消费者未尽到安全保障义务，造成消费者损害的，依法承担相应的责任。

这一条规定对于农产品经营者而言，需要重视产品质量的监控，选择农产品追溯系统显得越来越必要。对于中药材、农药、农业技术等产品和服务，电商平台经营者必须进行严格的前置审核。

第五十二条：电子商务当事人可以约定采用快递物流方式交付商品。快递物流服务提供者为电子商务提供快递物流服务，应当遵守法律、行政法规，并应当符合承诺的服务规范和时限。快递物流服务提供者在交付商品时，应当提示收货人当面查验；交由他人代收的，应当经收货人同意。快递物流服务提供者应当按照规定使用环保包装材料，实现包装材料的减量化和再利用。快递物流服务提供者在提供快递物流服务的同时，可以接受电子商务经营者的委托提供代收货款服务。

快递物流交付商品时，在交由他人代收的情况下，须经收货人同意后才能交付。这个规定对交付生鲜农产品的影响较大，如果遇到收货人不在家，快递员必须联系到收货人（电话联系须有录音为证等），征得收货人同意之后，才能将货物交给门卫或其他人代收，否则应当收回到冷藏系统内妥善保存，直到再次送给收货人。

第六十八条：国家促进农业生产、加工、流通等环节的互联网技术应用，鼓励各类社会资源加强合作，促进农村电子商务发展，发挥电子商务在精准扶贫中的作用。

此条有利于更好地开展农村扶贫工作，为优质农产品创建更好的流通环境，让技术进入农村，在各个环节利用互联网的优势来优化农村电商环境。

第七十一条：国家促进跨境电子商务发展，建立健全适应跨境电子商务特点的海关、税收、进出境检验检疫、支付结算等管理制度，提高跨境电子商务各环节便利化水平，支持跨境电子商务平台经营者等为跨境电子商务提供仓储物流、报关、报检等服务。国家支持小型微型企业从事跨境电子商务。

此条鼓励创业者从事跨境电子商务，为中小微农村电商创业者带来利好，将进一步促进农村电商转变升级，提升销售服务水平。

第五章

乡村电子商务模式

导读

前四章的内容给我们展示了乡村电子商务发展至今的大致脉络：源于“淘宝村”，随之上升到全国范围铺开电子商务进乡村工作，目前正在以逐步完善乡村电子商务服务体系的方式深入扎根于农村，进入乡村电子商务的新阶段。在这个过程中，一些“淘宝村”聚集成为“淘宝镇”，甚至一些县域乡村普遍应用电子商务，为县域经济找到新的增长点。站在全域的角度看，这些先进地区的电子商务推广应用，克服了诸多困难，走过曲折的道路，积累了丰富经验，形成自有的模式，吸引全国各地县域及农村推进电子商务的同仁们前往考察学习。

2010 年，返乡青年潘东明，放弃上海一个百万年薪的岗位，毅然回到农村老家干起乡村电子商务，这一干就干出了大动静。他开创了遂昌淘宝模式，打造出中国最大的乡村电子商务服务平台。2015 年 7 月，马云到浙江遂昌县考察乡村电子商务时发出感慨：“这是我见过的最好的农村电商模式。”2015 年，乡村电子商务迎来发展元年，对于电子商务巨头、投资人和创业者而言，“遂昌模式”是全国乡村电子商务学习的样板。

知识架构

- 乡村电子商务模式
  - 乡村电子商务模式概述
  - 浙江省乡村电子商务典型模式
  - 其他地区乡村电子商务模式

第一节　乡村电子商务模式概述

一、乡村电子商务概念

1. 乡村电子商务概述

乡村电子商务从“淘宝村”起步，经历过“电子商务进农村”的初期阶段，目前进入乡村电子商务新阶段，形成了具有丰富内涵的一种模式，可供各地政府、企业参观考察和学习借鉴，已经具备一定的实践基础。

实践表明，各地乡村电子商务发展具有的主要共性要素如下：

第一，以村、镇（乡）、县为单位，在农村地区电子商务应用得到推广，农村居民有条件就近实现网络购物或网络缴费，而且能够将农村特色产品和特色服务通过互联网实现网络销售或预订。

第二，拥有足够的人员从事网店运营或服务，利用第三方电子商务平台或自建电子商务平台开展不同商品的销售，并且达到一定规模的交易收益。

第三，进一步发展本地特色产业或者创立本地特色产业。

第四，围绕特色产业商品的电子商务交易或服务，逐步形成本地化电子商务服务链、产业链和供应链，广泛吸纳更多人员就业。

第五，建立统一的电子商务公共服务机构和设施，协调场地、检测、品牌、仓储、运输等资源，形成行业自律机制，共同维护电子商务健康发展。

基于以上分析，乡村电子商务的主要特点是：以村、镇（乡）、县为单位的农村地区，自上而下或自下而上地推行电子商务，呈现出电子商务应用得到推广，网络消费得以实现；网店网商网销规模大增，学习培训蔚然成风；电子商务公共体系共建共享，创业就业氛围活跃；电子商务服务聚集成长，特色产业转型振兴等境况。

2. 乡村电子商务的必要性

通过实际走访调查证实，乡村电子商务的必要性主要体现在以下几个方面，见图 5–1：

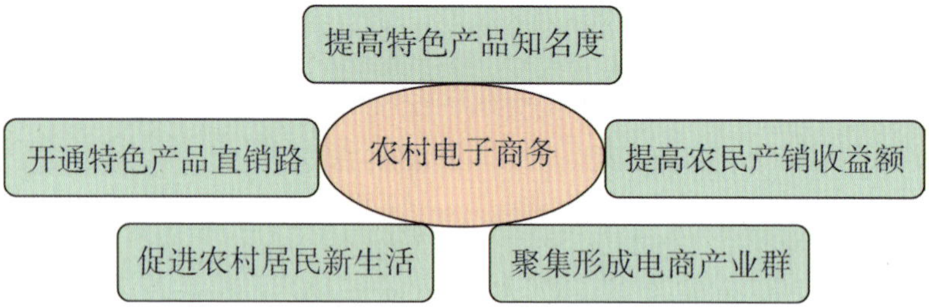

图 5–1　乡村电子商务主要作用和意义

（1）提高特色产品知名度　推广宣传本地农特产品，让农特产品信息传播得更远，改变了原来穷乡僻壤的土特产只能在本地消化的闭塞状况。

（2)开通特色产品直销路　为农特产品开辟一条网上直销渠道，农民多一个销售方式，改变原来完全依靠收购商的销售方式。这个网上直销，至少为农民增加一个与收购商议价的砝码（因为现在还有很多地方必须依靠收购商的运输能力）。

（3）提高农民产销收益额　如果组织得好，有自己的农产品配送系统，农产品电子商务就可以不依靠收购商而实现直销，农民获得的收益额会明显增加，多数农民非常支持电子商务。

（4）促进乡村居民新生活　乡村电子商务能改善农民的购物选择，提升农民的生活品质，改善乡村民生环境。

（5）聚集形成电商产业群　乡村电子商务可以促成农村一些城镇或其周边形成“淘宝村”类的“电商村”，聚集各种行业的网商群，以引导形成新的产业链和供应链，达到振兴传统产业、创立新兴产业的目的。

总之，乡村电子商务从网商聚集发展起来，有着广阔的拓展空间，更有着长远的意义。城乡接合部、周边商贸市场、小产权房多和房屋租赁转让价格便宜等因素，促使一些农村地区成为网商聚集的温床。当网商聚集到一起，他们从新兴的网络市场切入，抓住了农产品或其他行业产品线的市场龙头。虽然创业初期，网商们还得依靠来自传统产业链上企业的产品，可当传统产业链不能适应电子商务的快速变动时，网商们就会自己建厂生产，这一步他们已经做到了。接着，网商们还在思考继续图强壮大，壮大的方式就是由网商企业去兼并传统企业（因为传统企业往往不能成功抓住网络市场），对传统企业进行改造，按照电子商务的要求升级转型。这样，经过“网商聚集群—‘淘宝村’类电商村—网商流通链—网商产业链”的发展，乡村电子商务将造就出一个新兴的电子商务产业，对县域经济发展贡献更大的增长值。因此，乡村电子商务确是一件大好事情，不管推进过程中有多少艰难险阻，一定要看到长远利益，坚定这个方向不动摇。

二、乡村电子商务模式概念

1. 关于模式的含义

C·亚历山大（美国著名建筑师）对模式给出的经典定义是：每个模式都描述一个在我们环境中不断出现的问题，以及该问题的解决方案的核心。你可以无数次地使用那些已有的解决方案，无须重复相同的论证。

或者说，模式是从不断重复出现的事件中发现和抽象出的规律，是对解决问题所形成经验的高度归纳与总结。只要是一再重复出现的事物，就可能存在某种模式。

2. 乡村电子商务模式的含义

借助上述乡村电子商务的内涵和模式的含义，初步得出乡村电子商务模式的概念：在互联网普及的前提下，以村、镇（乡）、县为单位的农村地区，自上而下或自下而上地推行电子商务，呈现出电子商务应用得到推广，网络消费得以实现；网店网商网销规模大增，学习培训蔚然成风；电子商务公共体系共建共享，创业就业氛围活跃；电子商务服务聚集成长，特色产业转型振兴等境况，并形成相对完善的服务体系、相对成型的产业链及供应链，同时重视乡村协同治理，保护生态绿色资源，构建农村美好家园，成为可供其他类似地区学习、借鉴的一套乡村电子商务推进的整体发展方案，见图5–2。

3. 乡村电子商务模式的轮廓

通过对乡村电子商务典型案例资料进行归纳，勾画出目前县域乡村电子商务模式的基本轮廓：大多数县域依托特色产业发展电子商务；贫瘠地区可以电子商务创建一个新兴产业；无论哪里都需要打造一个电子商务服务体系；用电子商务服务体系改造提升传统产业链；县域电子商务的主体是高度聚集的网商群；淘宝、天猫、京东、阿里特色产业带是乡村电子商务的主要载体；具有国内外优势产业或邻近杭州的地区有条件建立自己的特色产品电子商务平台；县领导专注电子商务环境与体系建设会有较大起色；县领导亲自推广宣传将产生具有特殊感染力的品牌效应；县域品牌比企业品牌更重要；网商协会起着统一协调、优化配送、品质检测、标准化管理和职业自律的作用；电商园是必不可少的行业主体和服务功能的聚集载体；

技能培训、运营培训和管理培训多层面展开；区位优势地区重点建设电子商务物流集散地；联盟服务是县域乡村电子商务规模化、融合化发展的必然趋势。

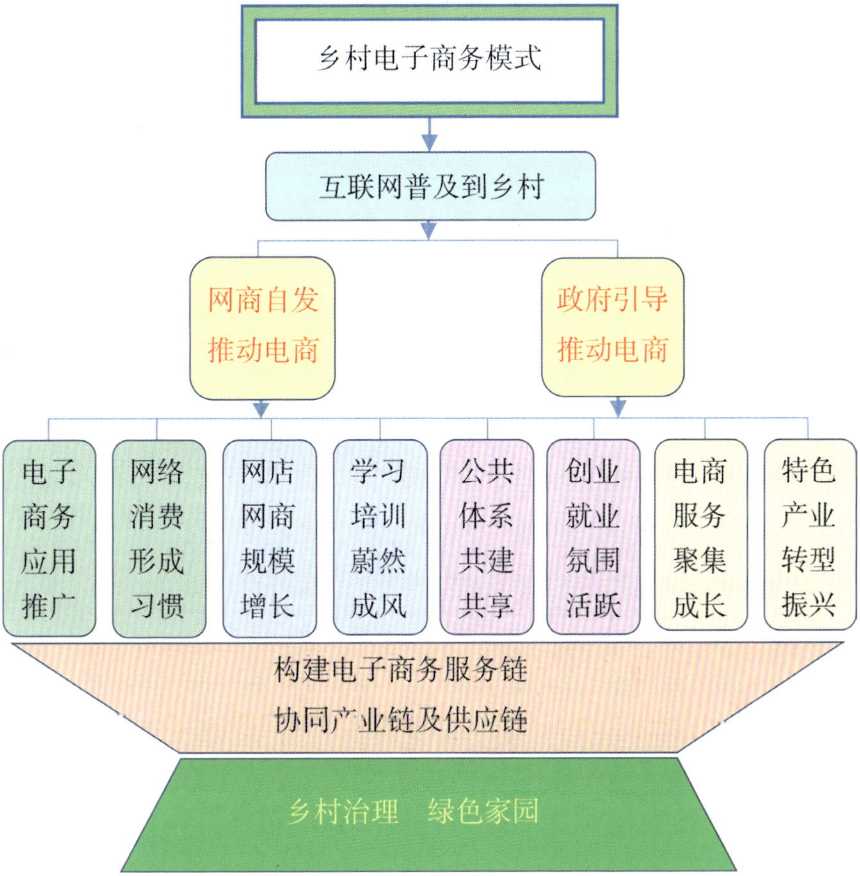

图 5-2　乡村电子商务模式内涵

第二节　浙江省乡村电子商务典型模式

一、浙江遂昌模式

根据综合资料分析，浙江遂昌模式的关键词语包括：依托本地农林特色产品；销售特色农林产品（竹炭、烤薯、菊米等）；生产方＋服务商＋网络分销商；核心是整合可售货源、组织网络分销商群（以当地网商为主）、统一仓储及发货服务；“遂昌网商协会”下属的“网店服务中心”非常重要。见图 5–3。

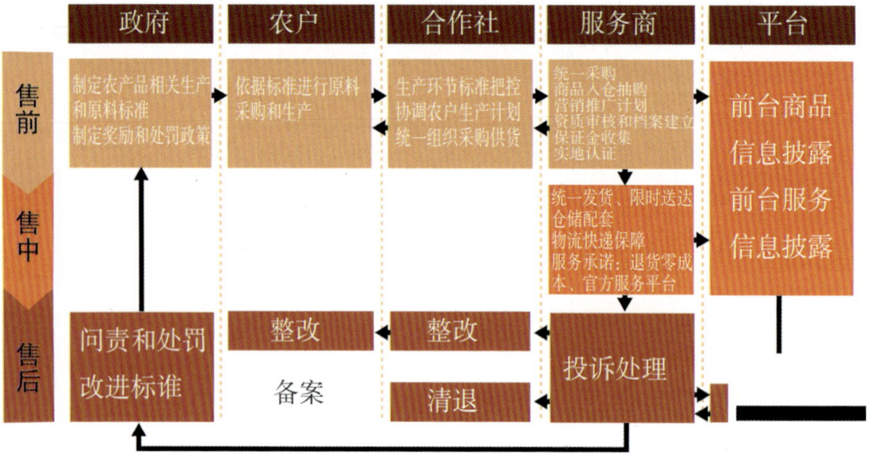

图 5–3　遂昌乡村电子商务发展模式

1. 农产品进城，消费品下乡

简单讲，遂昌模式就是当地通过电子商务平台实现“农产品进城”和“消费品下乡”。

“农产品进城”即是通过当地的农货“上行”平台——遂网，一端连接农产品的供货源——农村合作社，另一端对接当地开网店或做微商的城镇年轻人，将他们发展成为遂网的分销会员，帮助他们将农产品销售到一、二线城市。

“消费品下乡”即是通过当地的消费品“下行”平台——赶街网，依托每个村的商业小店，在店内划出 8~10 平方米的一小块地建服务站，为服务站配备电脑设备，培训店主做兼职服务员帮村民在赶街网上进行代购。同时，赶街网建立县级运营中心和从县城到农村的二级配送物流。

2. 政府引导，抱团发展

遂昌县网店协会副秘书长、赶街网战略发展中心副总裁文道海在一次记者访谈中讲明了“政府引导、企业抱团”的重要性。他介绍说：“遂昌的县长和分管副县长，都经常到他们的网店协会，不是视察工作，而是一起坐下来探讨‘近期的红提、猕猴桃怎么卖出去’。县长现场办公，快速决策，让农产品保质保量走出去。与沙集、义乌相比，遂昌‘触网’并不算早，是全国各种‘淘宝村’的跟随者。遂昌能够后来居上，最大的核心优势就在于政府的‘有形’之手，大力扶持并愿意为遂昌的电子商务信誉‘背书’，这相当于给农产品安全质量上了保险。当地工商、质监、卫生等部门全部‘跟进’网店，定期对网店商品的品质做检验、检测，保证从遂昌流出的东西百分之百合格。政府全力扶持，形成政府与市场真正的互动。实践证明，遂昌电子商务不能仅凭企业单打独斗，政府引导、抱团发展很重要。即便认清了发展方向，推进电子商务对于现有政府职能而言也是相当大的工程，困难在于涉及的部门、行业太多，例如为电子商务协会审批办公场地、仓库、线下体验店，需要农林牧渔、工商税务、经贸局甚至国土局等各部门的配合。遂昌的经验是安排一名副县长统筹全局，负责协调各政府部门的电子商务事务。”

3.“协会 + 公司”，提供“保姆”服务

文道海阐述：“乡村电子商务要搞起来，靠农户自己肯定不行，光靠政府吆喝作用也不大，最重要的是打通农户、专业合作社、网店协会、网商、平台、消费者之间的障碍。遂昌找到了一种‘协会 + 公司’模式。”

文道海介绍：“遂昌县政府对电子商务并不是直接扶持，而是将职责和权力授予一个中间的公共服务平台——遂昌县网店协会。

后者是由遂昌最早的一批网商自发组建，并被纳入政府监管和组织，是一个半官方半民间的网商行业组织。网店协会主要职能是提供电子商务创业服务，其下属有两家公司，即浙江遂网和浙江赶街网。'遂网'主要为本地农产品电子商务服务，负责淘宝网'特色中国遂昌馆'的运营，而'赶街网'则承担农村信息化服务。”

网店协会设有4个部门：一是会员管理部，负责对网商会员的培训和维护；二是仓库管理部，这个部门大多数人手都从事协会下属的“麦德龙仓储式”超市运营工作；三是ERP及技术部，主要保证各会员店铺与天猫遂昌馆主页商品之间的订单传输；第四个部门则是旅游信息咨询部。

在遂昌，农户想开网店是很简单的事情。协会有专员进行开店培训，“赶街网”有专员负责农产品的信息收集和策划包装，物流则由协会旗下的会员仓储配送中心负责，农户开店享受到的是“保姆式”服务。

4. 村村建服务站，事事做本土化

文道海说：“发展乡村电子商务，许多县市都走进误区，重视线上渠道，而忽视线下管理和服务。”他指出，线下管理和服务是关键，遂昌目前已经将侧重点从线上转移到线下。“赶街网”在每个村建立一个村级服务站，每个县会安排10~20个人往乡下跑，专门服务线下，让农村居民在村内实现购物、售物、缴费等一站式办理。

他们在实践中发现，乡村电子商务的农产品品质得不到保证主要有3种情况：一是农户不一定能及时发货；二是产品质量参差不齐；三是随时可能调价。赶街网负责线下服务的人员到农户家去，主要是做培训和指导，同时监督农产品质量。他们还发现，乡村电子商务的本土化也是一个关键点。据文道海介绍，“遂昌模式很关键一点是本土化人才和本土化企业去运作，这样最接地气，企业及运营者才能清楚地知道当地产品、当地价格，让这些信息快速流转起来，并且做到最好的服务。”

二、浙江临安模式

根据综合资料分析，浙江临安模式的关键词语包括：立足本地优势产品坚果炒货；背靠紧贴杭州开展城乡村企联动；核心是临安市电子商务产业园、龙岗坚果炒货食品园（城）、多个农产品基地（村）；阿里巴巴临安市坚果炒货产业带（天猫平台）成为中国坚果炒货网上批发第一平台；线上线下相互配合齐头并进；“一带一馆＋微临安”。

1．一品一带一生态，区位优势助电商

浙江省临安市的特产中，最有名的是山核桃，其山核桃产业有500多年的历史。临安山核桃种植面积约48万亩，年产量约1万吨，全国占比40%。由于山核桃产业发达，形成临安坚果加工产业带，临安坚果加工总量占全国总量的30%。（以上为2014年统计数据）临安立足优势产品坚果炒货启动电子商务，促进产业链发展，形成特色产业链，再将电子商务做大做强，打造出完善的县域电子商务生态圈，即所谓一品一带一生态县域电子商务模式。

（1）一品　以地标产品/特色农产品（山核桃）为切入点，借助互联网平台，快速提升销量和品牌认知。一品主要涉及3个层面：产品、品牌、品类。2009年，临安山核桃协会申请地理标志证明商标，与政府一起进行大规模的品牌打造行动，通过线上传播与线下展销会、山核桃节庆活动等，创出临安山核桃区域公用品牌。

（2）一带　随着消费者需求量的提升，形成种植、生产、加工、流通、运营、营销为一体的坚果炒货特色产业带。在打造“一带”

过程中，临安农产品产业协会负责行业规范管理与品牌传播，网商电子商务协会帮助农户或创业者提升电子商务运营能力，同时相关部门的企业实施产业园区和电子商务园区建设，以及线上多平台电子商务体系的搭建等。

（3）一生态　政府、服务商、协会、经营主体4种角色上下联动，构建县级、镇级、村级的电子商务服务体系，形成完整的县域电子商务生态圈。

临安市同时拥有较好的区位优势，市域的大多数乡镇分布在杭瑞高速G56周围，与长江三角洲经济圈的交通半径在2小时以内，市域电子商务得以顺利发展。

2. 一品兴电商，电商带产业

山核桃电子商务销售增长，带动其产量提高，同时电子商务市场要求产品更加多样化。除山核桃之外，碧根果、杏仁等需求不断加大，临安的网商们开始从广东进货，甚至从南非、越南等地进货，很快在临安形成坚果产业链。目前，除开心果大部分在广东加工，瓜子在天津、萧山有加工厂之外，全国大部分坚果加工都在临安。

此外，临安坚果产业的兴起还吸引国内同行知名企业入驻临安或到临安合作、进货、加工，包括恰恰、三只松鼠、来伊份、中粮、百草味、良品铺子等。其中，三只松鼠目前与临安25家加工企业合作，全部统一配方；良品铺子的坚果商品大多数由临安的企业供货；百草味、中粮的坚果加工也都依托临安的企业。

据调查分析，临安形成坚果产业链的主要因素有两个：一是临安坚果产品在电子商务推动下卖得很好，网上市场声誉较高；二是临安炒货采用手工加工，口味更浓香，能同时满足南方人与北方人的品食习惯。

3. 闻远策划小香薯，四轮驱动创模式

2013 年，临安市科技局邀请杭州闻远科技有限公司总经理余斌入驻临安科技孵化基地。余斌回到自己家乡，专注于临安农产品“触网”，为农产品企业、个体户提供电子商务运营服务。他策划了“天目小香薯”与“天猫预售临安山核桃”两场活动，仅 5 天时间，销售天目小香薯 5 万千克，临安山核桃预售 5 天，销售额达 300 万元。其中，为了打响“小香薯”品牌，闻远科技公司尝试做了一次“天目小香薯”淘宝聚划算预售活动，推出整件购“2.5 千克 37 元，全国包邮”，一举获得成功，该活动被选入《天下网商》成功案例。两年时间内，余斌率领的闻远科技公司为临安市培育出“淘宝镇”1 个、“淘宝村”4 个，因此余斌被誉为“临安模式”创始人。

余斌认为，“临安模式”的关键点在于借助政府引导、服务环境、市场主体和管理主体的“四轮驱动”，在政府积极倡导和支持下，依靠市场驱动力促使农村全面与互联网接轨，调动一切可以调动的资源，迅速搭建电子商务园区等平台，组建专业团队规范引领，加大人才培训和引进力度，将核心产业紧密连接在一起，有效地推动县域电子商务发展，形成电子商务生态圈。要把握好政府、服务商、行业协会与市场经营群体之间的协作关系，共同营造浓厚的电子商务氛围，统一行业标准，强化技术支持，形成强有力的地域品牌，提升区域电子商务核心竞争力。

临安积极开展城乡村企联动，其中农产品电子商务示范村 7 个，500 万元以上规模的 38 家电商企业销售总额达到 5.65 亿元，形成拥有临安市电子商务产业园、龙岗坚果炒货食品园（城）、多个农产品基地（村）的“两园多点”格局。其中，白牛村是临安乡村电子商务先行村，也是全国最早的“淘宝村”之一，村里几乎家家户户都开淘宝店。2014 年 10 月 24 日自发成立临安市白牛村电子商务协会。协会内实现统一快递和美工摄影，并组织电子商务运营商参加电子商务培训。2015 年协会将统一采购服务与市级电子商务服务中心对接，解决仓储配送等问题。阿里巴巴农村淘宝项目在白牛村落户，在电子商务协会建有一个电子商务公共服务点，为村民提供网上代购、农特产品代售代邮、创业服务、移动商务知识宣传与普及、生活服务等。此外，清凉峰镇被授予“中国淘宝镇”称号；龙岗镇则重点打造中国坚果城，以 O2O 模式为主，集商贸、仓储、物流、休闲和住宿功能于一体，强化坚果品控环节建设，包括原料挑选、大小子分筛、入味、烘制、摊晾、挑选、包装等环节，为临安坚果电子商务筑成坚强的产业后盾。

临安跨境电子商务产业园及临安白牛村“店小二”工作场景分别见图 5-4、图 5-5。

图 5-4　临安跨境电子商务产业园

图 5-5　临安白牛村“店小二”工作场景

三、浙江丽水模式

根据综合资料分析，浙江丽水（县级市）模式的关键词语包括：“浙江绿谷”、首批国家级生态保护与建设示范区、“互联网＋青山绿水”；核心是区域电商服务中心；9 个公共服务中心、14 个电子商务集聚园、2 224 个乡村电子商务服务站点和 206 个 E 邮柜；淘宝特色中国·龙泉馆、松阳馆、景宁馆；10 个“淘宝村”、148 家规模以上企业开展电子商务应用；全市有天猫店 508 家、京东店 193 家、阿里速卖通店铺 500 个、各类网店 1.1 万个；阿里巴巴·云和木玩产业带上线运营；“青年创业＋基地”“团委帮扶＋信贷”“线上发展＋实体”。

1. 服务中心为抓手，桥梁作用破难题

2013 年 3 月通过招投标，丽水讯唯电子商务有限公司承担丽水市乡村电子商务建设领导小组服务中心项目的运营，建设模式为“政府投入、企业运营、公益为主、市场为辅”。丽水讯唯公司因电子商务服务中心（简称“服务中心”）为主要模式的区域电子商务服务产品，已经获得浙江省电子商务服务企业十强荣誉。这种“服务中心模式”的运作机制是：政府申请国资场地供服务中心无偿使用，并投入财政公共经费用于装修及购买必要的服务硬件，随后纳入国有资产管理；企业团队在政府指导下根据考核目标负责服务中心日常的运营管理。服务中心通过整合当地政府的公共资源及政策对区域电子商务主体（从事电子商务的企业和个人等）、项目进行公益服务，同时开展市场需求的增值服务运营。

电子商务服务中心主要具备4个功能：区域电子商务主体（包括政府部门、企业、个人）培育、孵化支撑、平台建设和营销推广。“服务中心”承载了政府、网商、供应商、平台等各参与方资源及其需求转化，促进区域电子商务生态形成与发展。切实解决区域电子商务发展期3个问题：一是“人”的问题，组建一支专注于区域电子商务“雇佣军”；二是“事”的问题，梳理推进区域电子商务发展的项目及活动，将其落到实处；三是“场”的问题，建设实体场地，为区域电子商务各参与主体提供基础服务。通过“服务中心”与政府政策实现对接，通过推广淘宝大学、淘宝特色馆、孵化实训、网络节庆等项目，构成“服务中心”区域电子商务公共服务体系的核心内容。这样，“服务中心”成为政府与电子商务产业之间的桥梁，破解了政府有想法却难以落地的困境，同时将政府的扶持政策按照市场需求进行合理配置，既让良好的产业主体收益，又使政府的引导支持准确到位。可以说，“服务中心”模式有效地统一了政策制定者与市场参与者的诉求，以第三方参与的角色协调了政策、市场和服务的一致性。

2. 公共服务结合市场服务，园区建设实行阶段升级

丽水的电子商务服务中心同时承担两类服务，一是公共服务，

二是市场服务。公共服务主要为政府电子商务主管部门外包财政公共服务项目；市场服务则是面对网商、传统企业等实体提供个性化服务。例如，政府与淘宝网生态农业联合开展“一村一店”项目，帮助孵化丽水市19家合作社产品上网销售，涉及营销策划、网店装修、物流方案、包装改良、故事采集等工作。显然这个项目一般的农业主体无法完成，“服务中心”作为政府项目的实际外包企业却是能够胜任的。当这个项目深入开展到后期，合作社主体需要在网店托管的基础上深化推广服务，“服务中心”将为他们提供有偿的市场化运营服务。

丽水电商人将电子商务服务中心、电子商务产业园、电子商务协会之间的关系形象地比作医院，说明在县域电子商务发展中如何分阶段进行建设。电子商务服务中心更像“全科医院”，是县域电子商务发展初级阶段的产物，擅长处理综合“疑难杂症”，包括解决电子商务人才不足、经验缺乏、政策缺失、服务空白等问题，并“以公共服务推动培育主体”的方式开展服务，具有很强的复制性和可操作性。电子商务协会和电子商务产业园更像“美容专科医院”，是县域电子商务市场主体发展到一定规模后的升级模式，适用于有一定电子商务产业基础的地区，即在有“电商人”和“电商市”的条件下可以进行一些集约化整合，诸如对办公地点、物流仓储等进行整合，此时电子商务协会推动下的电子商务产业园能够发挥更大作用。

3. 联合打造公共服务体系，全面推进多种发展模式

丽水市乡村电子商务服务中心以“主体培育、孵化支撑、平台建设、营销推广”四大体系，构建区域电子商务公共服务模式，受到各界关注，已经陆续向杭州市淳安县、山东省博兴县、山东省齐

河县等地进行了模式输出及运营指导，见图 5–6、图 5–7。丽水市乡村电子商务服务中心模式适用于电子商务发展基础相对薄弱或处于萌芽发展期的县域，由政府牵头、企业负责运作，打造全方位一体化的区域电子商务公共服务体系，加快县域电子商务发展。在复制和移植丽水市乡村电子商务服务中心模式时，主要把握好当地政府、实施主体与政府授权第三方电子商务服务企业之间的关系，开展项目外包及合作，共同打造县域电子商务公共服务体系，加速本地电子商务生态的形成。

图 5–6 丽水市乡村电子商务服务中心

图 5–7 丽水乡村电子商务服务输出到杭州淳安县

当电子商务发展较为成熟以后，则全方位推进多种模式，使电子商务得以持续壮大。后期主要模式如下：

（1）“青年创业+基地”模式　丽水市通过鼓励农村青年互联网创业，构建“一核八心”电子商务集聚区，实现市、县两级电子商务创业园建设。2015年，创业园入驻600余家电子商务企业，同比增长66%，青年从业人数达2 600余人。

（2）“团委帮扶+信贷”模式　建立市、县、乡三级团委帮帮团，在各县试点行政村全面推行遂昌赶街电子商务模式。2015年，丽水市团委走访电子商务企业13 862次，解决问题1 700多个，同时向景宁、缙云等县的行政村整村授信，给信用村发放3 000万元贷款，用于解决乡村电子商务发展资金瓶颈。

（3）“线上发展+实体”模式　推进互联网销售的同时，壮大实体店营销模式，实现线上线下同步发展，扩大农产品市场份额，积极探索知名企业实体店O2O模式。

四、浙江桐庐模式

根据综合资料分析，浙江桐庐模式的关键词语包括：中国著名物流之乡、制笔之乡；特色产业是制笔、针织服装、皮件箱包、医疗器械等；村级单位物流；核心是电商公共服务中心、电子商务仓储物流中心；“阿里巴巴·桐庐产业带”、淘宝网“特色中国·桐庐馆”、“一马平川”公共文具电子商务运营平台、安厨鲜活农产品电商平台。

1. 起步时政府主导，接力时市场主导

曾经的桐庐，是外向型经济的一面旗帜。传统产业以工业为主，集聚度高，产业链全。“中国制笔之乡”分水镇，拥有制笔及配套

企业 700 多家，“中国针织名镇”横村镇，拥有针织服装企业及配套加工点 2 000 余家。这些工业产品出口比例很高，针织服装产品几乎全部出口，制笔业出口数量也超半数。2012 年，国际市场进入危机，代工市场向东南亚转移，大量的外向型企业订单减少，成本增加，曾经桐庐的骄傲面临着“坍塌”的局面。如此危机下，桐庐的传统产业开始尝试内外并举，然而，内销路上，这些产业举步维艰。

在没有现成模式和经验可以套用的情况下，桐庐政府决定另辟蹊径，以政府的强大推动力催发草根创新力，“无中生有”地闯出一条产业转型的路子来。从 2013 年开始，领导带队到分水开协调会，带领村民去遂昌等地考察，回来着手将村民“赶鸭子上架”，由 10 余家企业牵头，把各自采购的物品放在平台上。电子商务在桐庐传统工业中“无中生有”。此后，桐庐政府多次去阿里巴巴对接，建立战略合作关系，并聘请电子商务领军人物作为电商发展顾问。

桐庐政府领导清楚地认识到：桐庐走的是“无中生有”之路，市场力量比较弱小，初期政府作为第一推动力很有必要。但发展到一定程度后，要主动将初期的“政府主导，企业主体”的推动模式转变为“市场主导，企业主体”的内生动力模式，一定要把第一推动力的接力棒交给市场。电子商务与传统企业之间只隔了一层窗户纸，政府的任务就是把它捅破，企业一旦看到窗户外的明媚春光就会破窗而出。秉承这种理念，桐庐县营造出一片适合种子生长的服务苗圃。

桐庐电子商务产业园(海陆园区)是县域电子商务的一个“服务苗圃”，也是桐庐电子商务生态的缩影。园区整洁、有序、有现代感，总面积为 56 000 平方米，中国首个“农村淘宝”县级服务中心位于园区内，内设海淘买手街、跨境电子商务、一村一品、大学生电子商务创业中心和时尚用品街区等特色区块。

2. 阿里试点争第一，“四大法宝”做保障

桐庐是阿里巴巴全国首个农村发展战略试点县，“农村淘宝”项目的第一个县级运营中心和“农村淘宝”第一单产生于桐庐。桐庐与阿里巴巴于 2014 年 10 月 15 日签订试点协议，半个月后县运营中心和 4 个村站点启动运营，体现了工作高效率的“桐庐的互联网速度”。到 2016 年 6 月底，桐庐实现全县 183 个行政村农村淘宝的全覆盖。阿里巴巴作为项目主体，发挥资金、人才、平台、运营、培训等方面的专业优势，负责县运营中心的建设、运营人员培训以及各种技术支撑等。桐庐县政府作为项目配合单位，发挥组织资源和信用优势,为县运营中心提供免费场地,并负责整体组织推动工作。

桐庐快速发展电子商务的“四大法宝”总结如下：

法宝一：政府主导。政府先于企业思考一步，主动作为，在建立机制、转变理念、营造氛围、编制规划、出台政策、寻找资源、设计载体、搭建平台等方面采取一系列举措，一步一步推动电子商务发展。

法宝二：生态理念。桐庐发展乡村电子商务，不局限于打造几个“淘宝村”或“电子商务示范村”，而是紧紧抓住制约乡村电子商务发展的“物流”和“人才”瓶颈进行顶层设计，着眼于整体改变农村的消费方式、生产方式和销售方式，全力打造乡村电子商务生态体系，实现大众创业、万众创新。

法宝三：两线并举。桐庐发展乡村电子商务的总体思路是“两条主线融合并举”。一条主线是大力推进阿里巴巴“农村淘宝”项目试点，利用这个项目打通上下行物流的通道，播撒乡村电子商务种子；另一条主线是以桐庐农产品电子商务产业园为核心，依靠一

批专业电子商务平台，运用组织化的方式，整合提升农村产品资源，解决“无标”“无认证”等关键问题，拓展网上销售市场。

法宝四：合力推进。桐庐与阿里巴巴集团紧密合作，共同探索，合力推进“农村淘宝”项目试点，协力突破乡村电子商务物流、人才和资金三大瓶颈。政府不越位也不避事，立足于“松土壤”“打造农村电商生态体系”，让专业的人做专业的事。阿里巴巴发挥自身的平台、数据、资金优势，桐庐发挥政府信誉、组织、宣传的优势，双方合力，打造电子商务全生态的“桐庐模式”。

3. 体系建设谋长远，“燎原计划”促应用

随着电子商务发展越来越深入，人才、平台、政策等问题摆在政府面前，桐庐政府积极谋划发展工作，决定把重点放在构建支撑体系上，包括规划体系、政策体系、人才培育体系、公共服务体系等。2014年实施了“1234计划”：编制一套规划，明确电子商务发展方向、模式和近远期目标，确定实现目标的路径选择、时序安排、节点设计、支撑项目和实现手段等；推进“两大中心”建设，一是电子商务公共服务中心，二是电子商务仓储物流中心；加快三大园区建设；突出“四大平台”建设，包括“阿里巴巴·桐庐产业带”、淘宝网“特色中国·桐庐馆”、“一马平川”公共文具电子商务运营平台和安厨鲜活农产品电子商务平台。

2015年，桐庐拟订了“燎原计划”，主要抓扩面、抓提质、抓突破，核心是“扩面提质”。明确农业生产组织、旅游企业和规模工业企业电子商务应用普及面要求达到75%以上，电子商务发展融入每一个行政村，电子商务服务覆盖50%以上的农村家庭，产业园区、电商平台、仓储物流、人才培训、网络品牌、协会组织等支撑体系要全面优化提升，打造8类电子商务龙头示范单位70个，培育6家电

子商务企业上市。实现“两个突破”，向下突破乡村电子商务体系建设和向外突破跨境电子商务扩张。着手建设跨境电子商务孵化中心和海淘买手街等支撑平台。启动桐庐县农产品数据库建设，指导农业生产主体调整产业结构和销售模式，实行资源集中，源头把控，为县内外网商提供丰富的农产品和可靠的质量保障。

五、浙江海宁模式

根据综合资料分析，浙江海宁模式的关键词语包括：全国有名的皮草城；引进人才、转换思维（烧钱后的反思），对接平台、整体出击（稳固国内，加强跨境），加强监管、保护品牌，园区承载、强化服务（六大园区先后投建），管理提升、升级企业（现代企业为主体）；核心是以电商推动转型升级；全市从事电子商务相关企业共有1 500余家，网商达2万家以上，注册天猫店铺780家。

1. 产业集群优势明显，乡村电商推进顺畅

海宁拥有耕地面积50.2万亩，主导产业有花卉苗木、果蔬、畜牧、水产、蚕桑等，是浙江省最大的日本鳖苗种繁育基地、鲜切花生产基地、肉鸡生产基地和第二大养蚕基地。拥有丰富的农产品资源和产业集群优势，使得海宁在推进“平原农村电商”发展的道路上相对顺畅得多。海宁的农产品电子商务销售份额中，花卉苗木、糕点、水产和榨菜占比较大，尤以花卉占比最高。

海宁乡村电子商务发展，找准农产品网络营销体系建设的切入点，打通农产品到农村、农产品到城市的双向流通渠道，促使农产品电子商务销售额超速增长，实现反超农业大区产值增长的速度。海宁2014年仅有“淘宝村”5个，2015年迅速增到12个，一年内翻了两倍多，成为嘉兴市“淘宝村”数量最多的县域。海宁商务局

领导说："在我们这个以工业为重的县域，乡村电子商务竟能保持同样的快速发展态势，实属不易。"

（1）农产品进村通道　依托村级服务网点、村邮站等多渠道实现农产品进村。到2016年，建设有150个村级服务网点、185个村邮站，其中80个村邮站可提供代购代销等服务，依托综合服务平台、配送服务中心和农村服务点为"淘宝村"服务。

（2）农产品进城通道　通过各大电子商务平台及其配送渠道实现农产品进城。到2016年，全市50%以上的农业龙头企业在淘宝网和阿里巴巴等平台上销售农产品，众多实体企业陆续进驻网上农博会，虹越花卉、盛旭甲鱼、田龙农庄等名优农产品企业抱团入驻"淘宝特色馆"。打造本土特色农产品销售平台是海宁发展农产品电子商务的创新之举，培育出本土农产品销售平台2个，即"花彩+"和"海宁农城"，将小农户与大市场进行连接，让乡村电子商务更接地气。

2. 企业主导行业平台，政府主持综合平台

浙江虹越花卉股份有限公司是海宁的花卉龙头企业，也是国内知名的家庭园艺龙头企业，年销售额在3.5亿元左右。该企业逐步建成线下花园中心连锁门店、绿植零批连锁实体网点、线上网店群和自有网上商城四大平台，形成全渠道战略的发展模式。尤其是自建的网上商城"花彩+"，对整个花卉苗木行业的发展具有很大的推动作用。2005年，虹越涉足电子商务，在淘宝开了第一家线上店，2009年正式把电子商务作为公司的核心战略之一，2015年实现第三方平台网络销售1 500万元。2011年7月推出自有网上商城——"虹越·园艺家网上商城"（后更名为"花彩+"），实现线上和线下园艺家门店的互动联通，把更多中高端园艺产品外销出去，满足园

艺爱好者线上一站式购买的需求。截至2016年6月，“花彩+”销售额同期增长率达到137%，注册用户近10万。“花彩+”结合线下母公司的资源实现跨境电子商务，2016年7月上线园艺海淘购APP。

“海宁农城”则是政府主持构建农产品网络销售体系的尝试。经海宁市政府整合线下203个销售平台，“海宁农城”于2015年10月20日推出，是首个综合类农产品电子商务平台。这个平台商城采用官网建设与第三方平台销售相结合的方式，展示、宣传、推广海宁的名特优新农产品，开设传统糕点、休闲零食、茶冲饮品、粮油干货、生鲜果蔬、花卉园艺等六大系列特色农产品栏目。实践证明，“海宁农城”达到政府最初的设想目标，即实现多平台拓展农产品网络批发、零售市场，进一步完善农村网络消费服务体系，推广电子支付业务，只要符合入驻条件的海宁特色农产品，均可免费入驻“海宁农城”。平台推出后8个月，已经入驻21家单位，尤其农业龙头企业入驻起到带头作用，平台的产品品种多达180余个，涵盖海宁大多数名特优农产品，每天接单量在150单左右。该平台不仅与淘宝网推广进行对接，而且建有手机APP客户端、微店、订阅号等，定期开展专场活动。

不论“花彩+”，还是“海宁农城”，电子支付依然借助阿里巴巴、京东等第三方平台实现，买家必须点击链接至第三方平台的专营店或主体自有店铺以实现最终交易。如果不借助第三方平台，后期可能会因交易规模受限而使运营成本、技术力量等因素影响不能持续支撑下去。因此，“本土农产品电子商务平台+第三方电子商务”模式最适合当前海宁乡村电子商务发展的需要。

3. “三个打造”齐头并进，“三个推进”协调发展

2016年海宁市推行“三个打造”和“三个推进”工作，促进电

子商务全面发展。

“三个打造”工作内容如下：

（1）突出打造一批电子商务园区（楼宇） 海宁市现有电子商务园区（楼宇）7个，其中园区5个，楼宇2个。海宁电子商务产业园、盛天电子商务产业园及皮革城电子商务创新产业园3个市级园区2016年上半年实现销售收入合计约4亿元，万营海宁跨境电商产业园和长三角电子商务产业园的建设正式启动。

（2）加快打造一批龙头企业培育 以雪豹、安正、敦奴、上格服饰、虹越花卉、美大、帘到家等为代表的多家大型传统企业在各类专业交易网站纷纷开设旗舰店或自建交易平台，销售业绩快速上升。其中，安正时尚2016年上半年网络零售总额接近7 000万元，虹越花卉实现交易额近1 500万元。

（3）重点打造一批本地线上交易平台 继续优化皮革城O2O平台和“皮商圈”建设，完善“家纺在线”的支撑体系和相关机制。鼓励支持“海宁农城”“淘科技”“光魔网”等本地特色行业平台发展。“海皮城”“海派名家”“袜业采购服务平台”等一系列专业平台全面上线运营，为皮革、袜业和家纺等特色产业跨越式发展创造有利条件。

“三个推进”工作的内容如下：

（1）推进公共服务平台支撑 发布产品、培训各类信息，服务各电商企业。举办各类电商资源（跨境资源）对接会，实现资源互补。通过行业展会服务，进一步营造海宁市电子商务产业发展环境和氛围。

（2）推进电商人才保障建设 依托海宁市职业高级中学、浙江财经大学东方学院、海宁广播电视大学等共建电子商务人才培育基地，引导海宁市电子商务协会、进出口电子商务协会等与市级重点电子商务平台企业合作，大规模组织电子商务人才培训。举办海宁电商大讲堂等系列活动，通过电子商务创业创新，举办电子商务人才大赛、电子商务与互联网创业创新设计大赛，为电子商务发展提供有效人才支撑。

（3）推进示范创建工作　中国皮革城电子商务创业园成功争创省级跨境电子商务试点园区。海派国际成功争创第二批省级跨境电子商务公共海外仓，成为嘉兴市首个省级跨境电子商务公共仓。老百姓大药房和皮革城 O2O 成功创建首批省级电子商务创新试点项目。海宁市经编产业入选省级产业集群跨境电子商务试点。

海宁电子商务状况见图 5-8。

图 5-8　海宁电子商务状况概览图

第三节　其他地区乡村电子商务模式

一、江苏沙集模式

根据综合资料分析，江苏沙集模式的关键词语包括：当地无特色产业；做简易家具电商，加工厂+农民网商；核心是“农民网商”；形成产业化分工的模式，板材供应商、加工厂、网店、物流快递、包装等。

1. 返乡青年带动，新兴产业聚集

早在2008年，在江苏省徐州市沙集镇东风村苏北一个普通的村落，3个返乡创业年轻人，尝试网上销售电话卡，并与电子商务第一次亲密接触。7年之后，东风村凭借电子商务从最初的10元一张电话卡成长为年销售额20亿元的电子商务重镇，探索出一条新型工业化、新型城镇化、农业现代化和信息化同步发展的新路子。

在徐州及周边地区，形成组合家具、鲜花、皮革皮具等多个乡村电子商务产业集群。2013年徐州市乡村电子商务实现销售56.8亿元，直接就业人员达到4.6万人，成为全国知名的乡村电子商务聚集区。2014年年初，徐州市获评第二批创建国家电子商务示范城市。

2. “沙集模式1.0”转变为网商，“沙集模式2.0”转身新农人

“沙集模式1.0”是指农户自发地使用市场化的电子商务交易平台，使自己变身为网商直接对接市场。网销细胞裂变式复制扩张，带动制造及其他配套产业发展，促进各种市场元素不断跟进，塑造出以公司为主体、多物种并存共生的新商业生态。这种新商业生态又反哺农民，为他们创造了创新的条件，农民转变为网商而得到全

面发展。“农户 + 网络 + 公司”相互作用、滚动发展，形成信息网络时代新农人的创业致富模式。

“沙集模式 2.0”是以沙集为代表的自下而上式乡村电子商务进入第二阶段的发展模式，是指作为乡村电子商务主体的、以农户家庭为单位的网商，经历了在第三方电子商务平台上自发产生、简单复制、快速扩张和以自组织为主，初步形成多物种共生的新产业生态后，乡村电子商务进入由弱到强的发展阶段。它涉及以分散农户网商为主体的农村信息化如何与工业化深度融合和以电子商务带动农村城镇化建设等问题。归根到底，“沙集模式 2.0”涉及新农村信息化建设如何助推新农人成长问题，或者说涉及面临信息化时代，农民如何向现代化转变。

3. 网商群体是主体，体系政策做支撑

（1）网商群体　网商是沙集模式发展的主体和骨干。网商以农户为单位或网商与农户合一，集中体现为农户网商家庭制。未来发展可能突破家庭制的制约，在产权和经营方面引入现代企业制度。经营方式上也面临两种选择：一是做大，走规模经济的发展道路；二是做精、做专，走品种、服务、差异化定制的道路。

（2）网络平台　网络平台是沙集模式赖以存在与发展的依托。互联网时代，农户网商成长与一般乡镇企业成长的区别集中体现在网络平台上。沙集模式主要利用第三方电子商务平台——淘宝网得以形成和发展。如何突破平台之间买家流量的制约，有效降低买卖双方时间成本和交易成本，按商品品类和产地等多个维度组织分配货源、优化平台界面、提升交易效率等，是沙集网商们努力探索的方向。

（3）支撑体系　支撑体系是沙集模式继续发展的重要条件。它由沙集网商的重要利益相关者所构成，是支撑沙集电子商务发展的各类商业与非商业主体的总和。在初期发展中，当地围绕家具网销的主营业务，初步形成一个支撑网商经营和发展的市场生态，包括开工方便、物流有保障、租房便宜等，还能够吸引外地创业者落户本地。

（4）政策变量　政策变量是沙集模式提升的关键变量。在宏观层面，政策鼓励各地农村不拘一格地发展电子商务，而具体到各地方的微观政策则必须根据当地特点顺势而为。在沙集网商家庭制和简单复制同质竞争的情况下，单个农户网商力量薄弱，相互之间不易抱团，客观上需要政府发挥作用。事实上，当地网商也对政府部门提出了这样的要求。另外，政策的有为必须用对地方，即不要介入网商的经营活动和自主决策，而是应专注于环境营造，特别是针对网商共性的需求，提供高效的公共服务。

沙集模式相关图片见图 5-9 至图 5-14。

图 5-9　江苏沙集“网商一条街”

图 5-10　江苏沙集以家庭为单位的网商经营模式

图 5-11　江苏沙集木式家具生产现场

图 5-12　江苏沙集木式家具仓储现场

图 5-13　江苏沙集露天对家具进行除尘处理

图 5-14　江苏沙集物流从业人员忙碌场景

二、山东博兴模式

根据综合资料分析，山东博兴模式的关键词语包括：中国厨都、中国金属板材之乡、中国编织工艺品之都；草柳编、老粗布等地方特色产业；培育发展中国钢铁超市、京博控股公司石化商城、中国厨具在线等电商平台；核心是返乡青年电商创业以草编、老粗布起步，现拥有 1 个“淘宝镇”、16 个“淘宝村”，淘宝商户突破 1 万户，直接从业人员 3 万人；融合加工、销售、服务等环节对接了更大电商市场；建立省级综合检验检测中心、统一制定网销产品标准、创建区域品牌；电商园区推动“淘宝村”规模化、标准化、产业化发展。

1. 青年学生返乡创业带动，传统产业借力电商振兴

博兴县草柳编和手织粗布行业具有悠久的历史。在网上销售大规模发展以前，湾头村的草柳编产品和顾家村的老粗布产品，主要通过外贸渠道销往国外。2000 年以后，随着国家外贸政策的转移和欧美市场萎缩，红红火火的草柳编和老粗布产业遇到了寒流，农村传统手工业产品的外销受到影响，内销则由于受到渠道制约难以为继。在这一背景下，博兴县从 2005 年起，一些回乡的大学毕业生开始尝试利用淘宝等电子商务平台从事网上交易草柳编和老粗布产品，逐步形成了以点带面、辐射带动的发展形势。

“80 后”青年贾培晓是首批利用电子商务返乡创业的大学生典型代表之一。2006 年贾培晓在山东东营市创业注册了一家淘宝店，由于网店没有主打产品，初期生意较为惨淡，后期生意稍有起色却被货源提供方压低利润空间，经营一直不稳定。2008 年，贾培晓和妻子回到家乡湾头村，将网店的产品改变为家乡的草编工艺品。刚开始，如贾培晓所说：“那时候村里家家户户基本都没拉网线，买电脑的都很少，更不知道啥叫开网店。”在村里，他们是第一个上网开店“吃螃蟹”的人，他们特立独行的做法没少受村里人的非议。

2009 年贾培晓在天猫商城注册了“目暖家居旗舰店”，随着网店草柳编生意步入正轨，仅 2012 年一年就实现收入三连翻，使他很快从一个名不见经传的打工穷小子变成了博兴县远近闻名的草编大王。在贾培晓的带动下，湾头村的电子商务创业人群日益庞大，草柳编淘宝销售也火热起来，村里在淘宝网注册网店的商户也开始迅猛发展起来。到 2016 年上半年，湾头村“淘宝网”注册用户达 800 余户，天猫注册商户有 30 余家，其中过百万元电商超过 30 家，电商户人均增收 3 100 余元。

博兴县另一“淘宝村”——顾家村，以老粗布产业为主。一家名为“棉世纪”的店铺是顾家村较早从事电子商务的家庭商店之一，经营者是一对年轻的大学生夫妻。女老板巩春晓是计算机专业出身，毕业后和丈夫曾在北京、山东等地从事设计工作。2009 年他们在淘宝网上开了第一家淘宝店，将顾家村里的老粗布制品通过网络销售出去。网店的生意逐渐红火后，巩春晓和丈夫积极改良传统老粗布样式，把自己店内的棉质红围巾卖到了央视春晚主持人的脖子上，还专门为清华国学班学员量身制作唐装。

巩春晓淘宝店铺一系列实践的成功，带动了顾家村全村 1 423

人依靠电子商务发展起来。到2016年上半年，顾家村几乎家家户户都开网店，还吸引周边村庄劳动力到这里就业，使围绕老粗布产业链的直接从业人员达到2万人以上，相继开发出时装、童装、唐装、床品等系列。

通过网商的自发带动效应，博兴县融合加工、销售、服务等环节，进一步对接更大的电子商务市场，销售空间不断拓宽，实现产品增值和农民增收，逐步形成草柳编“淘宝村”5个，并聚集成为草柳编“淘宝镇”，以及手织粗布“淘宝村”1个。

2. 政府引领扶持，着力搭建平台

“有想法、敢创新、会经营”是博兴县从上到下领导和负责人共有的特质。博兴县委、县政府主要领导亲自抓、负总责，成立了由县长任组长的电子商务建设工作领导小组，建立健全电子商务工作联席会议制度，出台《关于加快电子商务发展的实施意见》，加大统筹协调和政策扶持，制定了中长期发展规划，明确发展目标、任务和工作重点。从2014年起，博兴县每年县财政安排300万元的电子商务发展专项资金，采取以奖代补的方式扶持重点领域、重点村镇、重点企业，特别是中小企业发展电子商务。为推动电子商务建设提供有力的资金保障，各金融机构结合博兴实际，根据网上创业不同需求，开展不同层次、不同类别的信贷产品，提供信贷扶持。

同时，博兴县注重搭建“三个平台”助推电子商务发展：

（1）成立电子商务公共服务中心　电子商务公共服务中心下设市场营销、创业孵化等部门，实施以公益性为主的电子商务人才培训，策划组织当地特色农产品网络营销活动，定期组织开展“网上创业周”“电商销售主题沙龙”等电子商务公共服务项目。通过搭建乡村电子商务公共服务平台、跨境电商公共服务平台、外贸电商综合服务平台，为网商、网企、淘宝户开展电子商务提供政策咨询、业务培训、技术服务、物流配送、信贷融资、供应链管理等服务，针对生产同类商品行业集聚的特点，加快推进产业集群的电子商务应用。

（2）成立乡村电子商务公共服务培训点　依托湾头村设立培训服务机构，引导手工草柳编工艺拓展网络销售规模，组织特色工艺产品展销会、创新设计大赛、传统技艺比武等活动，提高草柳编产业发展层次。

（3）成立乡村电子商务公共服务市场开拓基地　基地下设市场推广、电子商务见习等部门，推行“政府+协会+企业”运营模式，依托当地老粗布特色产业，进行统一品牌包装和售后服务，着力打造网络销售的地域标志名牌产品。同时与山东工艺美院合作开展大学生定向实习，每年为200余人提供电子商务实习岗位，分层次、分类型开展电子商务实践培训。

3. 农村淘宝聚集电商产业，示范培育深化电商应用

博兴县作为阿里巴巴首批县级服务中心试点，成效显著。2015年1月25日，该县第一批“农村淘宝”村级服务站开始提供代购。上线当天，15个村级农村淘宝服务站交易突破4 000单，日交易量在已启动的全国4个试点县中排名第一。在“农村淘宝”的带动下，湾头村以草柳编为核心，在淘宝网上形成区域品牌效应，拉动周边产业的发展，配件、物流、电信等行业都得到较快聚集。为了更好地聚集发展电子商务产业，博兴县还坚持高起点定位、高标准规划，建设全国一流的高端电子商务产业园——博兴草柳编文化创意产业园，推动传统产业插翅电子商务转型升级，将传统文化产业与互联网融合，形成博兴特色。

博兴县坚持以生态绿色农特产品和重点行业的网上销售为突破

口，大力支持草柳编工艺、老粗布、藤制家具以及金属板材、商用厨具等重点行业的电子商务发展，积极实施电子商务暨网上创业示范培育工程，努力打造电子商务示范乡镇、村。积极培育供应链完善、实力雄厚、品牌优势突出的京博益优网、喜乐旺购等大型商贸企业，争创成为电子商务示范企业。通过建立博兴县电子商务协会，不断深化服务协调，充分发挥桥梁和纽带、引导和示范、孵化和帮促、团结和聚合作用，帮助会员提升从事电子商务产业的水平，促进会员企业共同发展。

博兴模式相关图片见图 5–15 至图 5–18。

图 5–15　山东博兴"淘宝村"湾头村

图 5–16　山东博兴草柳编成为主要网货

图 5–17　山东博兴湾头村电子商务产业链

图 5–18　山东博兴湾头村刷墙标语

三、河北清河模式

根据综合资料分析，河北清河模式的关键词语包括："中国羊绒之都""世界羊绒看中国，中国羊绒看清河"，拥有全国 80%、全球 50% 以上的羊绒加工能力，山羊绒产量长期占到全国的 60%

以上、全球的40%以上的份额；电子商务依靠这个专业、传统大市场快速发展；专业市场+电子商务、协会+监管+检测、孵化中心+电商园区；核心是电商供应链效率高、商品价格低、行业竞争力强；拥有8个“淘宝村”和1个“淘宝镇”，阿里巴巴平台开店数量超过2.3万家，从业人员达到6万人；自主B2C“清河羊绒网”、O2O“百绒汇”网。

1. 优势产业下滑际，电商模式扭乾坤

清河县是历史名县，如今更以其强大的羊绒产业闻名世界，有“中国羊绒之都”的称号，更有“世界羊绒看中国，中国羊绒看清河”的说法，产业基础非常雄厚。

2008年前后，受全球金融危机影响，清河羊绒的出口额下滑很多，清河羊绒产业在竞争中近乎一败涂地。在这种情况下，清河县委县政府实施了许多举措，其中之一是大力发展电子商务，提出了“网上网下互动，有形市场与无形市场互补”的发展思路。2007~2008年，清河县羊绒产品经销商陆续开始在淘宝网卖羊绒制品，获得意外成功，不仅有效地阻止了传统优势产业继续下滑，而且带来县域电子商务产业兴起的巨大变化。

2. 基础设施建设先行，电子商务引向市场

在县政府的引导下，重点在羊绒制品市场领域大力营造电子商务经营环境，即在羊绒专业市场内相继建成电子商务孵化区、电子商务聚集区和电子商务产业园，大力引进网货供应、物流快递、人才培训、研发设计、摄影、美工等专业培训机构入驻，保证电子商务经营者以最快的速度、最低的价格享受到最全、最好的服务，提高了羊绒制品网商的市场竞争力。

同时，通过电子商务的拉动作用，解决传统专业市场受地域限

制所导致的销售难题，实现传统专业市场与电子商务齐头并进、协调发展的良性格局，成为全国继“协会+网商”的遂昌模式和“农户+网络+公司”的沙集模式之后独具特色的“专业市场+电子商务”的清河模式。

3. 多方储备网销人才，电子商务聚合发展

清河县委、县政府把培训电子商务人才作为各级党组织和党员领导干部的重要任务。在建设县、乡、村三级便民服务机构中，切实把电子商务培训服务列入便民服务内容，探索网商“一条龙”“一站式”培训服务机制。依托县职教中心开设电子商务培训班，面向社会大批量培养网店销售人才。县委党的群众路线教育实践活动办公室专门组织短期培训，把培训群众电子商务知识作为蹲点服务基本任务，村村举办“淘宝营销培训班”，免费向群众讲解电子商务知识，为全县储备大批电子商务人才，实现农村劳动力就地转移。

在羊绒产业，继东高庄村成为全国首批3个“淘宝村”之后，到2015年全县“淘宝村”达到14个、“淘宝镇”2个，数量居全国第十一位。网店数量达到3万多家，网上销售额达到35亿元，电商企业中年销售额突破千万的达60家，超500万的达120多家，电商从业人员达到6万多人。2015年，中国“电商百强县”排名第八，成为北方地区唯一跻身前十强的县区；在中国大众电商创业最活跃的50个县排名第二；大众网购消费最活跃的县排名第八；快递服务50佳县排名第二。

4. 整合各方资源，构建良好环境

清河县政府总结经验，认为下面三方面工作有利于推动县域电子商务发展：

（1）整合行政资源　一方面，成立羊绒产业创业商会，积极引导经营业户签订“诚信经营承诺书”，公开承诺不卖假货、不虚假标注；另一方面，成立综合执法办公室，强化市场监督，净化市场经营环境，提升电子商务产品美誉度。

（2）整合物流资源　既降低物流成本，又加快了配送速度。清河县成立了物流产业办公室，组建运营网络辐射全国的龙飞物流园，总投资 1.15 亿元，吸引包括全国十大知名快递公司在内的 20 多家物流企业在清河设立运营网点，“把空间上的万水千山变为网络里的近在咫尺”。

（3）整合人才资源　依托县职教中心开设电子商务培训班，成立电子商务培训服务中心，引进电商服务机构，定期聘请专业机构讲师授课。同时，精选电商人才，从全县年轻干部中选拔了一批优秀电子商务人才，激发其创业干劲和创新激情，为全县发展电子商务提供强有力的人才支撑。清河县洼里村大学生村官谢荣耀，充分结合当地特色产业优势，通过指导村民电子商务和开办淘宝摄影服务村民，使村民年人均收入从原来的 6 000 元提升至 12 000 元。

清河模式相关图片见图 5–19、图 5–20。

图 5–19　河北清河以羊绒制品作为主要网货

图 5–20　河北清河羊绒制品网上直营专供店

四、甘肃成县模式

根据综合资料分析，甘肃成县模式的关键词语包括：农林产品丰富，本地特色产业核桃；核心是“靠山吃山”，县委书记带头微博吆喝卖核桃；全县干部开微博卖核桃，成立电商协会卖核桃，夏季卖鲜核桃，冬季卖干核桃，正在上线核桃加工品，以核桃为单品突破，打通整条电商产业链；推广亮点，形成“核桃书记”品牌；宣传成县核桃的多种吃法。

1. 县委书记卖核桃，全县上手推核桃

如果不是县委书记李祥（新浪微博：成县李祥）一手推动，很难想象成县能因为电子商务而声名斐然。打开县委书记李祥的新浪微博可以发现，在全部 7 000 多条微博中，仅带“核桃”关键词的微博就达 800 多条，这还不算转发的带核桃内容的相关微博，是名副其实的“核桃书记”。在他微博中，对核桃生长的每个环节采用照片和文字进行记录，微博内容包括核桃展销会、核桃销售窗口、媒体报道，青核桃、干核桃和加工核桃如何细嚼品味，等等。一个县因为“核桃书记”而迅速提升知名度，而县委书记李祥也因为卖核桃一夜成名，不仅微博粉丝飞涨，而且成为各类论坛、讲座和媒体采访的常客，不断扩大成县核桃的影响力。

在县委书记亲自带动下，成县党政干部、县直各部门、乡镇村组、大学生村官、致富带头人等，全县上下全面开通微博，异口同声地集中宣传核桃。在这种强大的合唱声中，媒体和社会各界被感染，纷纷加入宣传成县核桃的队伍，一时间成县核桃满天飞。2013 年，成县通过微博、微信、网络等新媒体，在上海、兰州等地销售青皮鲜核桃达到 120 多吨。

2. 全线出击做核桃，功夫更在核桃外

借着宣传大势，成县核桃的形象展示店、营销窗口、展销厅也紧锣密鼓地开设起来，迅速铺货；一批网上销售窗口迅速开通，淘宝店与微博链接，微营销有声有色，淘宝上的“成县核桃”相关产品达到292种；核桃系列产品生产线快速扩张，形成青核桃、干核桃、核桃仁到核桃食品的系列化；围绕核桃开展的核桃树认领、核桃文化研讨等活动相继举行，推动核桃营销；核桃标准化示范园加紧建设，产业规模不断扩大。

核桃只是成县电子商务的探路产品，目的是形成电子商务扶贫的县域经济之路。在核桃电子商务发展起来之后，成县系列土特产品相继推出，成县樱桃、成县土蜂蜜、成县土鸡蛋、成县金银花、成县香菇、成县土猪肉等全面上线，甚至成县奇石也上网售卖。到2014年，带有“成县”字样的淘宝店铺达到159家，经营产品1 058种。

为推动电子商务事业发展，县里成立电子商务协会，县委书记当顾问。频繁邀请全国电子商务大佬做培训、搞研讨、提建议，全面促进县域电子商务发展。走出去，请进来，吸引一批企业和人才加入成县电商队伍。启动筹建电子商务产业园和农产品交易中心，解决产品供应、配送、培训等问题，促进电子商务产业链全线运转。

3. 整合资源自建服务平台，信息化与电商两轮驱动

（1）统筹推进“软平台”　成立成县农村信息化建设暨电子商务工作领导小组，出台了《进一步加快电子商务集中突破的实施意见》《成县电子商务奖励扶持办法》，确立协会、品牌、物流、网店、供货、宣传“六位一体”的发展思路，形成一个电商协会、一套扶持政策、一批品牌农产品、一支营销团队、一系列实操培训、一体化发展平台的“六个一”发展路子。围绕产品包装设计、品牌打造、

价格体系形成，扶持县电子商务协会注资成立旗下电子商务公司、合作社、产品包装设计和仓储中心等；注册“陇上山珍”“山泉老树核桃”等10余类商标；打造农产品组合包装营销模式。建成陇南馆运营中心和线下体验馆、县电子商务运营客服中心。探索并实现“网吧变网店、网民变网商”的路子，组建陇南市电子商务协会培训中心，开展各类培训，为全市培训电子商务人才。各乡镇和有条件的村都建立产业、运输等农村专合组织；积极建立网货供应追踪溯源、质量标准和监管体系，扶持发展网店和建设营销团队，同步拓展网络营销与服务，搭建起了全县电子商务人才本土化、队伍专业化、销售目标精准化的网络营销团队。

（2）高标准打造“硬平台”　县委、县政府采取“政府主导、企业主体、市场运营、分工合作”的办法，整合产业和公共服务多方资源，推进平台建设，启动产业孵化园、成县顺通物流园区、农产品(核桃)交易中心、淘宝“特色中国·陇南馆”为主的“两园一馆一中心”建设。

（3）农村信息化建设和电子商务发展同步推进　成县先后在苏元、红川等10个乡镇和有条件的村先行试点，探索推行农村信息化与乡村电子商务“两轮驱动”的发展模式。创办电子“党务、村务、商务、农务”农村信息化综合服务平台，开展电子党务、政务、村务活动。为群众提供便民信息，发布农产品供需、劳务培训输转、惠农政策、法律法规、天气预报等生产生活信息，帮助群众在网上代购生活用品、代购火车票、快递中转、代缴水电费和电话费等，探索出了网络问政走网上群众路线，网上听民意、网下办实事，促进党群干群关系更加密切。乡镇成立电子商务协会、建立城乡网货供应平台，帮助农民开办网店，帮助群众销售禽畜、农林、手工艺等农家产品。

成县模式相关图片见图 5–21、图 5–22。

图 5–21 甘肃成县“核桃书记”李祥

图 5–22 甘肃成县网店二维码墙

五、吉林通榆模式

根据综合资料分析，吉林通榆模式的关键词语包括：农业大县，农产品丰富，大宗农产品；核心是系统性进行包装、营销和线上运营，“引进外援”并与杭州常春藤实业有限公司开展合作，量身打造“三千禾”品牌；配套建立电商公司、绿色食品园区、线下展销店等；通榆县委书记和县长联名写了一封面向全国消费者的信——“致淘宝网民的一封公开信”，挂在淘宝聚划算首页，提振消费者对通榆农产品的信任感。

1. 政府“触网”搭建“云高速”，“云飞鹤舞”创立“三千禾”

通榆县拥有优质天然弱碱沃土，是世界公认的杂粮杂豆黄金产区之一。通榆出产的杂粮杂豆中很多单品是全国“单打冠军”。除拥有“葵花之乡”“绿豆之乡”的美誉外，通榆县还出产杂粮杂豆、打瓜、牛羊肉等特色优质农产品。

2013 年 5 月，杭州常春藤实业有限公司董事长牟义建应白城市政府邀请考察查干浩特旅游项目，同时去通榆境内的向海湿地。接待他的第一个通榆人是主管旅游工作的副县长黄秀芬。一路上，他们从奇思妙想的旅游开发谈到风起云涌的电子商务。当天下午回到县城，黄秀芬立即找到县委书记和县长汇报情况，包括关于电子商务的“奇谈怪论”。当天晚上，通榆县县长杨晓峰打电话给牟文建，真诚地请他来通榆会面。由于行程已定，牟文建当天不能赶回通榆，第二天中午，杨晓峰县长驱车 140 千米赶到查干浩特经济开发区见到他，并进行了长谈。县长又将牟文建接到通榆，县委书记孙洪君对他说：“通榆最大的优势就是生态优势，尤其是生态农业的资源优势。如何充分发挥，需要有创新的路子。请你帮助我们设计设计，为脱贫致富闯出一条新路来。”牟文建说：“若能修一条‘云高速’，通榆与世界还会远吗？”县委书记、县长与这位浙商的手紧紧地握在一起。

回到杭州，牟文建迅速组成“通榆电商项目”团队，同时建议通榆县也应有个政府工作团队。于是，县委书记亲自带队，没过几天，从省里“跑出”一个 9 人编制的“通榆县电子商务发展中心”。县里还从多个部门抽调精兵强将组成团队，整合资源，协调问题，形成合力，全面服务电子商务发展，并出台《关于促进农产品电子商务发展的若干意见》，明确发展战略。2013 年 9 月底，牟文建在通榆成立吉林云飞鹤舞农牧业科技有限公司，注册“三千禾”和“大有年”品牌。实行“统一品牌、统一标准、统一质量、统一包装”的标准化“网货”售卖，启动农产品“原产地直供”计划。2013 年 10 月，“三千禾旗舰店”在天猫上线，“通榆农产品主题”4 天销售超百万元。上线当天，县委书记孙洪君、县长杨晓峰联名写了“致淘宝网民的一封公开信”，将通榆的自然优势、政策规划、具体措施等亮给亿万网民，并郑重盖上了政府的大印。首战“引爆点”是 38 元一个的“新鲜葵花籽整盘直送”，近 4 000 个精选葵花盘被一抢而光，种植大户邢波增收 1 万多元。

2. 首战告捷扩战果，组合套拳显神功

首战成功让通榆人信心大增。此后，他们迅速完成在淘宝、1号店、京东等线上平台的战略布局，相继达成与幸福9号等20多个线下渠道的销售合作，整合拉卡拉等终端，推出移动端“放心粮”APP，开通“禾协会”微信公众号，随时发布通榆农产品信息。

与此同时，通榆又打出了一套漂亮的组合拳。联合拥有国家燕荞麦首席科学家的白城市农业科学院提供农技支持，每名副县级领导包一个粮豆品种的产业发展，筹建农畜产品检测体系，拟定农产品质量检测流程。启动并规划1万亩土地，选择10个优势品种，每个品种种植1 000亩，作为各个合作电子商务平台直销基地。

2014年10月，通榆积极参与淘宝“聚土地”活动，以全程销量第一的战绩，引来了阿里巴巴集团高层的多次考察。阿里高管认为：“如果通榆县能够做到，那么全国90%的县就都能做到。” 2014年11月，浙江桐庐、广东阳山、吉林通榆，阿里“千县万村计划”村淘全国试点县三子落定。最终形成以“政府背书+基地化种植+科技支撑+营销创新”为特征的“通榆模式”。

3. 政府背书是关键，“统一品牌”是路径

农产品电子商务是一个系统工程，涉及交通、网络、物流、配送等基础设施建设，以及财政、税收、用地、融资、人才等各项政策，必须建立政府统一领导下的部门合作联动机制，并做好规划、制定规则、营造环境、夯实基础，才能有效地推动这项工程。对基础薄弱或刚起步的农产品电商企业或网店，要“扶一把”“送一程”。“通榆模式”之所以获得成功，得益于各级政府的支持与领导，不等不靠、勇于创新、敢于担当、变道超车。特别是在通榆政府“触电”之初，

立即将电子商务上升为本地战略性产业，建立相应机构并从人力、财力上全力支持。

品牌化运作是农产品实现溢价增收的先决条件。以产品品牌带动县域品牌推广，以一个品牌带动多个品牌，以品牌占据市场，对于发展农产品电子商务至关重要。通榆县通过“三千禾”品牌，在与阿里巴巴合作过程中，对外塑造通榆形象，提升通榆农产品品牌知名度，同时促进农村消费方式和农民思维观念转变，推动电子商务与三农发展融合互动。

4. 搭建“四个平台”，助推精准脱贫

通榆县积极搭建以下“四个平台”：

搭建培训平台:充分利用阿里研究院、淘宝大学等资源,实施“万名电商培养计划”，开展“电商扶贫培训进乡镇”活动，为贫困村培训电商应用人才和合格的信息员，确保每户贫困户家中都有人参加电商实用技术培训，做到贫困群众对于电子商务学懂、会用。

搭建创业就业平台：推进通榆县电子商务产业园建设，吸引贫困人口进驻园区，并为其创业提供必要的资金、技术、信息、办公等方面的支持。引导支持1~2户企业建设覆盖全县电商产品的仓储分包代加工中心，为贫困户网商提供集产品仓储、分拣、包装、配送于一体的外包服务。引进百世汇通等大型快递企业建立云仓库，推进农村淘宝通榆物流中心建设，支持电商龙头企业、小微企业、电商服务企业招聘符合条件的贫困群众务工就业。

搭建服务平台：大力推进通榆县电子商务服务中心建设，强化各乡镇电商扶贫服务站的重要职能，在每个乡镇扶持发展3~5家示范网店。结合阿里农村淘宝项目在每个贫困村扶持至少1家农民网店或电商扶贫网店，引导贫困户成为电商网店业主。

搭建金融平台：吸引社会资本进入，发起成立电商扶贫公益基金，统筹管理和整合使用财政投入、公益支持、社会帮扶等各类资金，重点对参与电子商务融资困难的贫困村、贫困户予以扶持。充分发挥电子商务平台作用，为贫困人口开办网店和从事电商服务业等提供资金支持。推动中国扶贫开发协会产业扶贫投资基金注资通榆县物权融资公司，针对乡村电子商务的贷款品类，解决贫困人口参与电子商务融资难问题。

通榆县从以下 3 个方面推进电子商务扶贫：

第一，扶持贫困群众开办网店。充分发挥行业带动作用，对有意愿、有能力开办网店的贫困群众，实行电商创业“五个一”扶持工程，即通过给予专项启动资金扶持，帮助贫困家庭“通上一条宽带、配置一台电脑、开办一个网店、经营一方面商品、增加一份收入”。

第二，组建电商扶贫专业合作社。通过政策引导，鼓励全县 90 个贫困村组建电商扶贫专业合作社，并吸纳 2 000 户贫困户入社，逐步实现生产、加工、电商平台销售、社员分红的一体化运营模式。支持组建电商扶贫合作社联合社，鼓励联合社创建电子商务交易平台。

第三，帮助贫困户成为网货供应商。探索“贫困户 + 农民合作社 + 龙头企业 + 电商平台”网货供应方式，拓展销售渠道。与国内最大居家养老 O2O 企业唯创集团签署战略合作协议，在通榆建设 5 个“幸福 9 号村”，以 O2O 方式创新扶贫。

通榆模式相关图片见图 5-23、图 5-24。

图 5-23　吉林通榆“三千禾”大宗农产品品牌模式

图 5-24　吉林通榆大宗农产品网货

六、陕西武功模式

根据综合资料分析，陕西武功模式的关键词语包括：产业优势不突出，区位优势明显；地处关中平原西部，是新疆、青海和甘肃三省区东出的重要通道，东距西安约 70 千米，距咸阳国际机场约 50 千米，西宝高速公路、陇海铁路、西宝中线、西宝北线和 107 省道穿境而过，交通十分便利，地势平坦开阔，是关中地区重要的交通枢纽和物资集散地；核心是“买西北，卖全国”战略，网上做“西货东进的集散地”；物流、冷链基础好，配套完善的电商园区。启示：一套领导机构，两个协会统筹协调，把握运营中心、物流体系、扶持机制三个关键，搭建电商孵化中心、产品检测中心、数据保障中心、农产品健康指导实验室四大平台，免费注册、免费提供办公场所、免费提供货源信息及个体网店免费上传产品、免费培训人员、在县城免费提供无线上网等五免政策。

1. 凭借区位优势发展电子商务，制定战略规划“买西北，卖全国”

武功地处关中平原西部，是新疆、青海和甘肃三省区东出的重要通道。武功县东距省会西安约70千米，距咸阳国际机场约50千米；西宝高速公路、陇海铁路、西宝中线、西宝北线和107省道穿境而过，交通十分便利。这里地势平坦开阔，地理位置优越，是关中地区重要的交通枢纽和物资集散地。基于有利的区位和交通优势，武功县提出通过电子商务“买西北，卖全国”的战略规划，即通过网上做“西货东进的集散地”。

武功县副县长孔睿总结：“武功县小、钱少，人不少，这是县城的特点。为缓解城乡就业压力、促进县域经济发展，我们抓住‘互联网+’机遇，通过发展电子商务，探索符合县区实际的发展之路。”2013年以来，武功县确立“建设西北电子商务第一县”目标，提出“立足武功、联动陕西、辐射西北、面向丝绸之路经济带”思路，唱响“中华农都·电商新城”口号，着力将武功打造成为西北乡村电子商务人才培训基地、西北农产品电商企业聚集地、西部农副特产品物流集散地。

2. 聚集货源行销全国，策划包装安全监测

面向西北，聚集货源，在征集武功当地特色农产品外，征集整合到陕西渭北苹果、核桃，陕北红枣、杂粮，陕南茶叶、菌类，关中肉奶类、面食类，以及新疆瓜果、干果类，西藏牦牛肉、奶制品，

青海沙棘、青稞制品，甘肃枸杞、中药材等30多类300多种特色农产品，为电商企业提供了充足货源。上线交易，行销全国，经过认真征集、筛选、包装、检测后的农副产品，通过庞大的电商团队上线交易，销售全国各地，打造若干个“丝绸之路淘宝赶集小城”和“智慧乡村”，着力构建覆盖城乡、辐射全国的电商经营网络。

策划包装，形成品牌，积极聘请知名电商专家，精心策划包装设计了苏绘手织布、杨老五麻花、倪家锅盔、西域美农和省级品牌十六御等食品、果品、手工艺品等几十类300余种特色产品，提升形成了武功电子商务产品品牌。安全检测，绿色可靠，凡上线销售的各类农副产品，由县电商检测中心进行严格的安全检测，确保各类农副产品绿色、有机、安全、可靠，让消费者放心、经营者安心。

3. 形成“12345”保障措施，创造条件引导草根创业

在电子商务实践中，武功县形成一套独有的农产品电子商务发展“12345”保障措施。

“组建一套机构”，成立由县政府县长为组长的武功县推进农产品电子商务发展工作领导小组。同时，制定《武功县关于鼓励和支持农产品电子商务发展若干意见》，设立500万元电子商务专项扶持资金。

“建立两个协会”，武功县特色农产品生产经营者协会负责进行特色农产品的普查、征集、展示、实体销售等工作，武功县电子商务协会负责组织电子商务企业和个体网店之间进行信息交流、互通产品，统一发货，实现合作共赢。

“实现三地目标”，积极引进电子商务和物流企业，加强与淘宝大学的合作，着力将武功建设成为电子商务人才培训地、农产品

电子商务企业聚集地、西北农产品物流集散地。

“搭建四大平台”，搭建农产品电子商务运营服务（孵化）中心、农产品质量检测中心、数据保障中心、农产品健康指导实验室“四个服务平台”。

“落实五免政策”，免费为入驻电商企业注册、提供办公场所、提供货源信息及个体网店上传产品、在县城提供无线上网、为电子商务企业培训人员五个免费政策。

武功县诚德信电商公司总经理闫爱军是地地道道的农民，也是产粮大户，2014 年 10 月闫爱军尝试“触网”销售自己产品。据他介绍，仅 2014 年 11 月单月利润就超过往年一年的总利润，目前他的产品已经达到供不应求的状态，“光手工挂面，不到一年卖出 18 万多斤，互联网实实在在改变了生活”。武功县积极建立覆盖城乡的物流体系，实现物流配送“村村通”，并实施“智慧乡村”项目，建立 111 个智慧乡村小店和邮政驿站，打通农村物流配送最后一公里，让群众购物、销售、生活、金融、创业“五不出村”。在南可村“智慧乡村”1 号商店里，店主王旭红通过电脑及外接显示屏帮助村民网购，等货到后在门口的黑板上公布，村民们拿货付款，极大地方便了村民网上购物。

七、上海联盟模式

根据综合资料分析，上海“货通天下”农商产业联盟模式的关键词语包括：大宗农产品交易电子商务流通模式 BAB，农产品供应商 + 联盟 + 采购企业；核心是，左手整合优质的农产品供应商（农民合作组织、合作社、生产基地和农产品加工企业等），右手整合品牌好、需求量大的农产品采购商（包括加工企业、餐饮集团和流通企业等），中间涉及多种涉农服务机构，为采、供双方提供以交易为核心的多种服务，联盟从交易中收取 1%~3% 服务费。

1. 农商产业对接，打造利益共同体

2012 年 10 月，“货通天下”农产品交易综合服务平台在上海市青浦区正式揭牌，旨在为农商企业创建产品连锁现货交易及电子商务展示直销服务的产业联盟。上海货通天下集团董事长郑寿峰等业内人士认为：“农商产业联盟”是“互联网 + 农业”绕不过去的一个基础工程，只有农商之间利益关系得到平衡，“互联网 + 农业”才会有生命力。

在现有农产品商务平台中，大部分“沿用”其他消费品领域的 B2C 模式。根据测算，虽然此类电子商务模式将生鲜类农产品物流成本降到 25% ~40%，相对于服装和电子产品 5% 的物流成本而言却仍然高高在上。其主要原因在于货源保障、产销对接、质量控制、风险管理等方面存在明显短板，难以有效整合农产品供应链和价值链。因此，探索农商产业联盟模式，试图找到一种农商资源整合的新型载体，实现销售型“大企业”和生产型“小农户”的产销对接。

“货通天下”董事长郑寿峰认为：“互联网 + 农业”单单形成利益结合体还不够，必须形成农商利益共同体。无论卖方还是买方遇到问题，如果没有妥善的解决方案，订单农业就会成为“毁单”农业。通过建立利益共同体，形成合理的运行机制，公开透明地保障各方的利益，并切实体现在交易的种种细节中，才能解决“互联网 + 农业”的诸多运行问题。在推行农商产业联盟时，必须建立供需调剂机制和短期资金融通机制；必须以国家标准为基础，形成操作性强、具有行业共识的农产品质量标准体系，作为农产品品质检验、缺陷折扣和争议仲裁的依据。

2. 大宗农产品为主体，电商平台保证服务

农商产业联盟服务对象主要是有一定实力和信誉的上游供应商及下游采购商，而不面向个体农户和消费者。农商产业联盟已经整合全国农业产业化重点龙头企业、优质农业专业合作社，以及标准化、规模化生产基地的有机、绿色、无公害（包括全天然）农产干货产品达 80%。交易平台会员包括供应商和采购商，分布在河北、辽宁、山东、浙江、安徽、上海、福建、四川、陕西、新疆及台湾等十余个省区，涉及农民合作社、民企、国企及外资企业，覆盖种植和养殖、生产加工、餐饮、内贸外贸及金融保险等五大产业链节点，包括百胜集团（必胜客、小肥羊）、海底捞、真功夫、永和大王等餐饮百强企业，以及中储粮、中农发、北大荒、卓信等粮食十强企业。

同时，建立电子商务平台，提供交易撮合、信息查询、委托采购、拍卖招标、网上结算、物流管理、品质评定、折扣管理、第三方审核仲裁等功能。组织制定多项涉农产品的交易和管理标准。例如在采购环节，通过电子商务平台，不仅可以完成委托采购，还可以通过生产能力、诚信、销量等因素对生产商进行排位，实现选择采购、个性化采购、定向匹配采购和招标采购。在订单撮合的基础上，通过联盟的社会化服务手段，为农户提供技术、农资等保障服务，为物流配送提供冷链、仓储等服务，达成产业链的利益平衡。

第六章

乡村电子商务细分领域

导读

从 2013 年开始，阿里巴巴和京东商城等均加大在中国农村市场的宣传和营销力度。当年年初，浙江遂昌的商家们最先开始在农村进行刷墙宣传，举着绿喇叭的橙色淘宝小人，身后跟着一句“生活要想好，赶紧上淘宝”。“淘宝墙”照片在网上传播，引起中国其他乡村纷纷效仿，涌现出更多朗朗上口的农村电商标语，例如“打工东奔西跑，不如创业淘宝”“在家网商上店铺，家庭事业两不误”等。

电子商务公司纷纷下乡“刷墙”，开启了全国“电商渠道下沉”“电商品牌入乡”和“电商服务进村”的序幕。

知识架构

- 乡村电子商务细分领域
  - 电子商务“渠道下沉”
  - 乡村电子商务物流建设
  - 农产品电子商务品牌建设
  - 乡村电子商务人才培养
  - 农资电子商务服务

第一节　电子商务“渠道下沉”

一、“渠道下沉”的含义

1. 渠道

渠道通常指水渠、沟渠，是水流的通道。在商业领域引入“渠道”这个术语，象征商品像水一样从源头的上游流向低洼的下游，意指商品从原产地中心销售到最终用户的路线,或称商品流通路线。具体指厂家的商品通过一定的社会网络或代理商、分销商卖到不同的区域，达到销售的目的。

2. “渠道下沉”

“渠道下沉”有三层含义：第一，指商品销售路线从中心城市区域逐步向次级城市、乡镇地区直至边远农村的扩展过程，也指商品销售路线从产地向各个基层部门和用户（如学校、社区和零售小卖部等）延伸的过程，是企业扩大市场范围的一种营销策略；第二，体现企业在扩大市场范围的过程中处于积极主动的状态，而不是固守传统渠道的稳定性而坐享其成，克服“待客上门”的“坐商毛病”，主动走出去，往下游渠道渗透；第三，渠道下沉还包含企业为了提高利润和效率，减少渠道环节及其费用的内涵。

二、电子商务“渠道下沉”的内涵

1. 电子商务“渠道下沉”的来源

2013 年 12 月 30 日，京东副总裁兼开放平台总经理蒉莺春发了一封面向开放平台部门的内部邮件，透露京东 POP 平台将在翌年继续完善生态建设、推进系统更新和产品升级，根据集团战略努力做好 O2O 和渠道下沉。她指出，城镇化发展、互联网宽带日益普及、物流深入布局，对于各品类商品集散、用户迁徙会造成影响，电子商务将进一步向更宽广的市场渗透。

2. 电子商务“渠道下沉”的内涵

2014年以来，无论阿里巴巴，还是苏宁、京东，都在做渠道下沉，开辟三、四线地区，甚至农村市场，充分体现国内电子商务企业渠道下沉战略的内涵。从实际情况看，它们将渠道下沉的关注点集中在农村市场。阿里研究院发布的《2014 年农村电子商务消费报告》显示，淘宝农村消费占比连年不断提升，从 2012 年第二季度的 7.11% 上升到 2014 年第一季度的 9.11%。这个市场空间数字激励着电子商务企业以更大的投入实施面向农村的渠道下沉计划。

三、电子商务“渠道下沉”战略比较

1. 阿里巴巴“渠道下沉”战略

阿里巴巴启动“渠道下沉”战略，有 4 个特征：

（1）注重线下到线上的导流　淘宝开展刷墙过程，通过大篷车下乡，提供购买二维码、免费 WiFi 等服务，结合“码上淘”业务，从线下到线上的导流目的性较强。

（2）押宝“菜鸟”开放式物流　除依赖海尔日日顺物流之外，更多精力投入在建设菜鸟网络这一开放式的“中国智能物流骨干网”。“菜鸟”是阿里巴巴集团、银泰集团联合复星集团、富春集团、顺丰集团、三通一达（申通、圆通、中通、韵达）等合作建设的开放式物流平台。阿里巴巴做信息平台、物流调度，借助第三方物流的力量快速完成物流的下沉。

（3）解决“买”与“卖”的问题　在C2C平台上，农产品、家具、特产等产品通过阿里巴巴平台“进城”。渠道下沉重在解决“买”的问题时，同时可将农村“卖”的问题一并解决，共用营销、物流等资源，提高效率。

（4）从家电延展到更多商品　阿里巴巴渠道下沉战略，第一阶段主要推电器，联合海尔、海信等主流品牌，主打平板电视、冰箱、空调、洗衣机、厨卫电器等大家电类目。第二阶段考虑在三、四线城市以及乡村主打更多的大宗电商品类，并延展更多品类，让下沉的物流体系更加饱和，提高利用率，刺激下沉物流进一步完善。

2. 京东商城“渠道下沉”战略

2013年年底，刘强东宣布京东未来五大战略，其中包括“渠道下沉”和“国际化”两大战略。显然，对于国际市场和中国农村市场，京东想要“鱼与熊掌兼得之”。在三至六级城市发展网购，瓶颈之一是物流配送，京东多年打造的自建物流系统已经向广大三至六级城市覆盖。京东渠道下沉战略大致分为以下几个阶段实施：

（1）2013~2014年上半年　主要开展“线下影响线上”和“线上影响线下”两项活动。其中，“线下影响线上”活动包括启动大篷车百城行活动，用半年时间走进全国100多个三、四线城市，并针对公交车车身广告等展开活动，同时举行乡下刷墙活动，打出“发家致富靠劳动，勤俭持家靠京东”刷墙广告。“线上影响线下”活动则是指京东针对手机QQ用户进行重点渗透，即利用与腾讯的合作，抓住手机QQ用户以三、四线城市为主的特点，开展差异化推广，扩大渠道下沉战略在线上QQ用户中的影响范围。

（2）2014年下半年至2015年　全面启动“京东帮服务店”建设。2014年11月，京东集团宣布大家电“京东帮服务店”在河北省赵县正式开业，并称3年内“京东帮服务店”将在全国区县铺开，达到千余家。借此，京东大家电可在四至六线城市进行物流提速。“京东帮服务店”通过口碑传播、品牌宣传、会员发展、乡村推广、代客下单等形式，为消费者提供配送、安装、维修、保养、置换等全套家电一站式服务解决方案，打通乡村电子商务“最后一公里”服务。“京东帮服务店”对于服务商的身份没有限制，既可以是服务商也可以是现有的产品经销商，只要求有专人负责“京东帮服务店”的业务，并不需要整体经营为专门店。

积极建立乡村推广员服务队伍。发展本土村民作为乡村推广员，负责帮助本村村民在京东下单，以及配送和刷墙推广等职责，为农村消费者提供下单、配送方面的服务，并对其进行提成等奖励。设有“京东帮服务店”的地区，京东会针对这些地区专门选取商品，多选择性价比高的商品提供给“京东帮服务店”，一般这些商品与当地专卖店价格差最低为13%，最高甚至达到50%，具有较大竞争优势，并采用走街串巷的销售方式。

并行推进仓储体系下沉建设。为提高供应链响应速度，京东在仓储服务上进行渠道下沉，即将FDC仓（离消费者最近的二线城市仓库）全面覆盖主要省会城市，并围绕三、四线城市，开始了网络布局加密，通过缩短物流半径来提升物流时效。“京东帮服务店”还会陆续增加移动仓库、O2O体验中心、自提点等功能，通过一县一店的“京东帮”服务体系建设，快速完成全国农村市场的网络覆盖。

实施配送员回归乡村计划。2014年4月京东从物流配送部门选出500个“储备站长”进行两期培训，最终145名员工成功“毕业”回乡拓展业务。毕业员工在一个区县负责配送和销售工作，同时还负责上门取件、换新、货到付款。同年7月，经过业务与管理集中培训后，首批59个配送员回归乡村，到区县建设物流配送“先锋站”，充分发挥配送员的本地资源，独立负责一个区县的配送工作，提速从三线到六线城市的物流配送。

（3）2016年　除继续推进“京东帮服务店”发展、功能升级和全国覆盖外，着重打造基于村镇市场的“京东家电专卖店”体系，进一步激活农村市场末端渠道。具体做法是，通过加盟方式在全国各村镇开设“京东家电专卖店”，合作者将获得京东家电在仓储、配送、安装和系统上的全力支持，还可获得店面装饰、定制技术支持、专属特色产品及金融服务支持。

3. 苏宁云商“渠道下沉”战略

（1）实体店率先实施“渠道下沉”战略　早在2012年12月，苏宁正式宣布推出新一代实体零售门店——苏宁地区旗舰店战略。地区旗舰店主要针对二、三级市场，推出一种全新购物体验，计划3年内新建、改造1 000家门店。该计划主要依据是十八大期间国家指出“城镇化是扩大内需的最大潜力，城镇化是我国经济增长的巨大引擎，中国未来几十年最大的发展潜力在城镇化”，以及当时二、三线城市家电销量增长迅猛的现实情况。在推行实体店渠道下沉的同时，他们坚信“线下不可能被线上完全取代，一定要线上线下相互融合互补，两渠道平行发展”。这些行动为后期电子商务渠道下沉奠定良好基础。

（2）着力布局苏宁易购服务站　在乡村电子商务领域，苏宁2015年建成约1 500家苏宁易购服务站，并计划在5年内建立10 000家，深入全国乡村，从渠道建设层面打通“农村电商”发展壁垒。具体做法是，通过升级改造其分布在全国各地的乡镇服务点布局其乡村电子商务版图，即将这些网点升级为可提供代客下单、

“最后一公里”配送、售后维修、批发销售等服务的新式乡村服务站，同时开放加盟通道，要求加盟者提交保证金，然后让这些“夫妻店”模式的加盟者穿着苏宁统一制服，以返点方式进行分成。在经营方面，苏宁超市将通过专业经营采销体系把大量优质商品带到农村，由分布在全国各地的苏宁 DC(Distribution Centre) 仓库集中向这些服务站送货，降低物流成本。苏宁易购还将为这些服务站开启揽件功能，启动农产品直采、农产品众筹等项目，把大量优质农副产品销往全国各地。苏宁易购在渠道下沉方面主要打造两个维度：一是怎样让农村用户享受到更好的商品、价格、服务；二是从下往上，将农村好的土特产品推广出去。同时做两件事情，第一是农副产品包装，怎么把特色农副产品的价值体现出来，首先对当地的土特产品要了解，这就需要运营的能力和包装的能力；第二是物流和金融，苏宁将依托服务站为中心枢纽，继续加大对农村市场的投入，真正实现“从上到下、从下到上”。

（3）积极拓展自营服务功能　针对农村市场，苏宁在三级市场包括一些乡镇市场开店、建服务站，并力求在乡镇一级形成一定的规模效益。在此基础上，苏宁推出自营服务功能体系，针对农村市场创建灵活性强、便捷度高、服务范围广的一类门店。自营服务店内既有实体商品出样，又重点打造二维码、平板电脑、视频演示的虚拟出样，目的在于进一步培养三、四级市场消费者的网购习惯。所有苏宁易购服务站都将植入苏宁超市的虚拟货架。对于农村用户而言，苏宁易购自营服务店则是一个本地化的社交平台和品牌保障所在地，用户有问题可以直接在当地服务店得到及时处理。

乡村电子商务“渠道下沉”及“渠道下沉”的上行与下行模式见图 6-1、图 6-2。

图 6-1　京东与淘宝电子商务渠道下沉

图 6-2　电子商务渠道下沉的下行与上行

第二节　乡村电子商务物流建设

一、电子商务物流

1. 电子商务物流定义

电子商务物流是指为电子商务平台订单实现的仓储、运输和配送等所有线下物流活动。电子商务物流是伴随着电子商务平台产生、成长和壮大而逐渐兴起的一个专业化物流领域。按照启动或出现的先后时期排序，亚马逊物流、社会快递物流、京东物流和菜鸟物流构成如今电子商务物流的主要形态。

电子商务物流成为一个专业化的物流领域，不仅有利于电子商务物流在功能、布局和聚集上明确定位方向，进一步支撑电子商务产业加快发展，而且带动传统物流围绕电子商务需求全面进入转型提升阶段，物流信息化和物流电子商务得到长足发展，甚至一些传统物流企业借鉴电子商务模式转身打造自己的电子商务平台，成为新型的“互联网 + 物流”企业集团或联盟，丰富现代物流内涵。电子商务物流主要服务功能范围见图 6–3。

2. 亚马逊开创电子商务物流

亚马逊网络书店成立于 1994 年 7 月，1995 年 7 月正式营运，

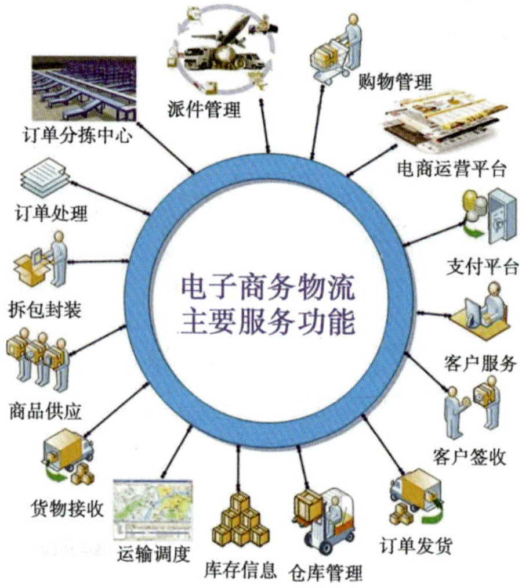

图 6-3 电子商务物流主要服务功能

2002 年年底开始赢利。早期的电子商务平台购物流程是："商品展示(消费者下订单)—支付—进货—仓库中转—送货(消费者手中)"。这意味着,电子商务平台企业必须解决货物如何在消费者面前展现、消费者如何下订单、货款如何支付、货物如何送到消费者手中等关键问题，其中"货物到手"是客户最关心的问题。为此，亚马逊于 1997 年投资自建物流配送中心，亚马逊率先在配送商品"运送日期"一栏上显示承诺的送到日期，而不是发货日期。亚马逊迅速在美国 11 个州建立 19 个配送中心,随后在英、法、德等欧洲国家,以及日本、中国等亚洲国家都建立配送中心。通过电子数据交换系统（EDI），亚马逊的顾客可以随时查询订购状况、追踪自己的包裹。自建物流配送中心是亚马逊一个基于消费者需求和体验出发的"非常规"举措,虽然这种直接物流分配模式意味着增加成本，对于全程掌控消费者体验却至关重要。亚马逊自建物流配送中心，突破网络购物的线下物流"瓶颈"，不仅满足业务量较高地区消费者的需求，而且有利于亚马逊对全球市场的覆盖、布局与协调，同时大大缩短配送时间和配送成本。亚马逊物流与电子商务服务紧密融合，其覆盖全球的服务体系及业务优势见图 6-4。

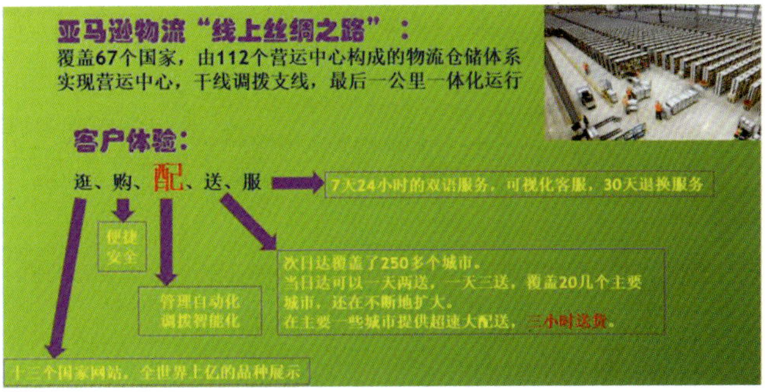

图 6-4　亚马逊物流服务体系及业务优势

3. 网络零售带动快递物流增长

阿里研究院专家通过对 2012~2015 年全国各地网络交易规模、电子商务排名和快递服务增长的分布情况进行分析，发现网络零售持续高速增长，带动一系列电子商务服务业蓬勃发展，快递服务是受此带动最明显的服务之一。2012~2014 年，快递服务业收入复合年增长率达 39.2%。而 2009~2011 年复合年增长率为 25.8%。主要原因是网络零售持续产生大量包裹，形成规模效应，对快递服务收入增长的贡献快速提升。快递数据已经成为电子商务的重要风向标，快递包裹数量相比快递服务收入，能更好地反映一个城市的电子商务发展状况。据国家统计局数据表明，2010~2015 年，电子商务规模复合增速达到 32%，电子商务发展直接带动快递业务量跨越式增长，并且从 2008~2015 年，快递业务量与电子商务规模增长曲线基本一致。另据研究表明，我国网络购物的兴起推动快递行业快速发展，近年来网购规模占全社会商品零售总额的比例超过 10%，激增的网络市场需求使得快递业爆发式增长，快递业 60% 的业务量来自电子商务。可以说，从淘宝网 2003 年正式发布开始，我国网络零售进入快速增长期，快递服务伴随着网络零售成为电子商务物流的主流模式，成就了“四通一达”及顺丰等第三方快递物流公司快速壮大。国内快递服务业发展格局见图 6–5。

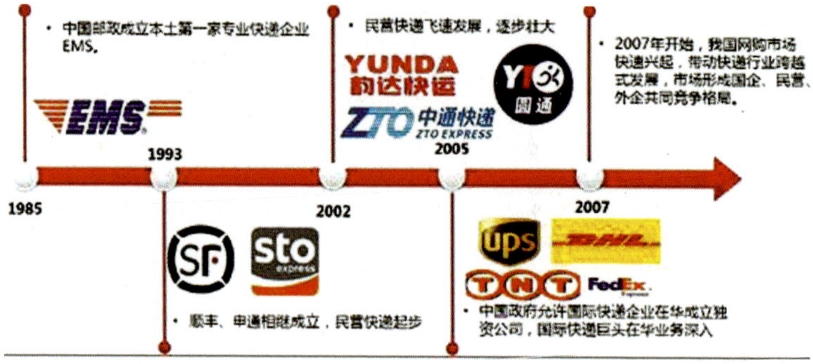

图 6–5　国内快递业发展格局

4. 京东物流构筑其核心竞争力

2007 年，刘强东不顾投资人和高管的反对，决意自建物流，这是京东历史上最重要的一个战略决策。现在，人们谈及京东的核心竞争力，都公认是物流。据京东招股书数据显示，2009~2013 年，京东对物流的投资节节攀升，各年投资分别是人民币 1.44 亿元、4.77 亿元、15.15 亿元、30.61 亿元、41 亿元。京东 2013 年年末开始在中国的城乡接合部、乡镇涂刷广告，全国广告面积达到 20 万平方米。到 2014 年 3 月，京东在全国 100 多个乡镇的 8 000 面墙上刷下了红底白字的“发家致富靠劳动，勤俭节约靠京东”。当一线城市市场趋于饱和之际，京东启动“渠道下沉”战略，2014 年 6 月 27 日京东在河北廊坊宣布启动“大篷车百城行”计划，用半年时间到全国 100 多个三、四线城市，举办 150 多场体验式巡展。正如京东高级副总裁徐雷所说，“如果宣传到位，而货和服务不到位，流量转化率不会很高，供应链和物流是我们最紧要的环节”。可见，京东物流对于流量转化率何等重要。截至 2014 年 2 月，京东 28 000 多名仓储员、配送员，支撑起京东的物流网络：京东在 34 个城市拥有 82 个仓库，总建筑面积为 130 万平方米，在 476 个城市设置 1 485 个配送站以及 212 个自提点；在 40 个城市实现“下单当日投递”，在 248 个城市实现“下单翌日投递”。见图 6–6。

图 6–6　京东物流仓储设施

5. 菜鸟网络建设社会化物流体系

菜鸟网络是阿里巴巴旗下的大数据物流协同平台，由阿里巴巴集团、银泰集团联合复星集团、富春集团、申通集团、圆通集团、中通集团、韵达集团等共同组建，几家快递公司各出资 5 000 万元，各仅占股 1%。2013 年 5 月 28 日，阿里巴巴集团、银泰集团联合复星集团、富春集团、顺丰集团、三通一达（申通、圆通、中通、韵达）等，以及相关金融机构共同宣布，“中国智能物流骨干网”（简称 CSN）项目正式启动，合作各方共同组建的“菜鸟网络科技有限公司”正式成立，其目标是通过 5~8 年努力打造一个开放的社会化物流大平台，向快递公司提供信息、数据支持，以及诸如能够自动分拣快件的智能机器人等智慧物流产品，并在全国任意一个地区做到 24 小时送达。面对京东集团 CEO 刘强东的质疑，2016 年 7 月 17 日菜鸟网络发言人称，在阿里巴巴和菜鸟网络的生态平台上，快递公司每年营收都呈现了超过 30% 的增速，创造就业超过 200 万人，该年多家快递公司均已申请上市，市值都超过数百亿元。菜鸟网络发言人还称，菜鸟网络和快递公司相互依存，菜鸟网络的平台建设离不开快递公司，快递公司也需要菜鸟提供的服务和数据。2015 年 6 月，顺丰、申通、中通、韵达、普洛斯五家物流公司共同投资创建深圳市丰巢科技有限公司，开发 24 小时自助开放的丰巢智能快递柜，目前丰巢自提柜信息已经全面接入菜鸟系统。见图 6-7。

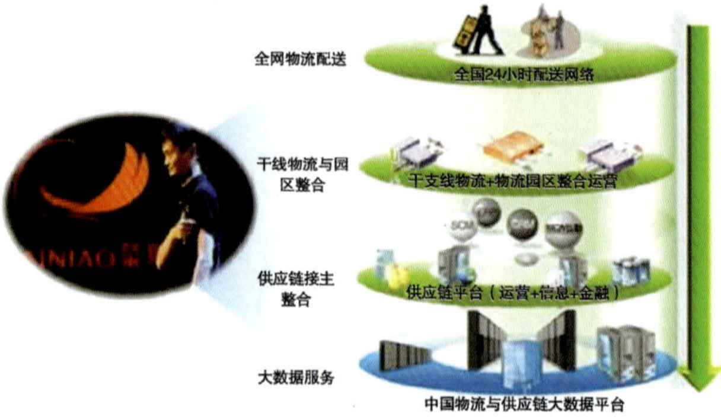

图 6-7　菜鸟计划“天地网”联动系统

二、乡村电子商务物流

1. 乡村电子商务物流内涵

2016 年 3 月，商务部、发展改革委、交通运输部、海关总署、国家邮政局、国家标准委 6 部门共同发布《全国电子商务物流发展专项规划 (2016—2020 年)》。该规划提出 8 项重大工程，其中第三项“电商物流农村服务工程”和第五项“电商冷链物流工程”的内容基本涵盖乡村电子商务物流内涵，主要为两方面：

（1）乡村电子商务服务体系建设　结合新型城镇化建设，依托“电子商务进农村”等工程，整合县、乡镇现有流通网络资源，发展乡村电子商务物流配送体系。鼓励电子商务企业、大型连锁企业和物流企业完善农村服务网点，发挥电子商务物流在工业品下乡和农产品进城的双向流通网络构建中的支撑作用。支持建立具备运营服务中心和仓储配送中心（商品中转集散中心）功能的县域乡村电子商务服务中心，发展与电子交易、网上购物、在线支付协同发展的乡村物流配送服务。

（2）乡村电子商务冷链体系建设　支持电子商务冷链物流企业运用现代技术优化流程，推广应用电子化运单、温湿度记录系统、物联网等技术，确保加工制作、储藏、运输、配送、销售各个环节始终处于温控状态，实现运营透明化、流程可视化、查询便利化，降低损耗率。支持电子商务冷链物流配送中心和配送站点建设，鼓励经营鲜活农产品、食品、药品的电子商务平台企业创新经营方式和商业模式，实现线上线下结合，有效降低冷链成本。见图 6–8。

图 6–8　顺丰冷链物流

2. 乡村电子商务及乡村物流

2017 年阿里研究院发布《中国乡村互联网发展五大预测》报告，

其中“预测四：农村电商与农村物流协同效应显著提升”阐明乡村电子商务与农村物流的关系，即乡村电子商务与农村物流相互促进，见图 6–9。菜鸟网络数据显示，2015 年中国农村地区的网购快递量占全国总量的近 1/4，增速高于全国平均水平。而农村物流网络扩大、成本降低，进一步方便网购消费、助推电商创业、促进乡村特色产品流通。显然，乡村电子商务发展带动了农村物流提升。见图 6–9。

图 6–9　乡村电子商务与其物流关系

未来几年，乡村电子商务与农村物流协同效应有望显著提升，促进农村商业基础设施升级。国家邮政局、商务部等联合推动“快递向西向下”工程，重点加强中西部、农村地区快递网络建设。按照预设目标，2020 年，基本实现“乡乡有网点，村村通快递”。

3. 乡村电子商务物流瓶颈制约

（1）农村快递物流覆盖面存在盲区　长期以来我国实行城乡二元制结构，使得农村基础设施差、网点少，很多村子依然是物流的盲点，村民们很难享受到便捷的送货上门以及售后服务。据国家邮政局数据，2016 年全国邮政行业累计建成“村邮乐购”站点 23.5 万个，快递服务网点乡镇覆盖率超过 80%，主要品牌快递企业电子运单使用率达到 70%。同时说明，仍然有 20% 的乡村不通快递，特别是电子商务所需要的各类商品快递服务仅靠邮政一家是远远不够的，必须依靠众多第三方快递公司才有可能彻底解决乡村电子商务上行与下行的问题。

（2）乡村电子商务物流下行成本高　乡村电子商务物流下行是指将村民网购的商品从原产地配送到农户家里的过程。由于目前农村网购的商品以生活日用品和农资产品居多，因此常常称此过程为“工业品下乡”。这个物流配送过程的成本偏高主要表现在 3 个方面：一是农村物流配送站点建设投入较大，除分级建设物流站点之外，还涉及拓宽村级公路等问题，一般企业难以一步到位；二是农村物流配送到农户，因住地分散性较大，而且每一住户的订单量小，致使单位订单配送成本显著提升；三是农村物流配送服务站点需要配置相应的服务人员，以满足电子商务服务的要求，无疑增加了人员配置费用和培训成本。

（3）乡村电子商务物流上行难度大　乡村电子商务物流上行是指将农副产品从农村田间，经收购、包装后配送到网购用户的家里，又可称为农产品物流上行。由于网购农副产品的用户往往是城镇居民，因此常称此过程为“农产品进城”。农产品物流上行的主要难度在于对农产品收集、质检、筛选和包装需要统一进行，并且适应电子商务规模化经营的要求，这对一般的农户是很难做到的。国家邮政行业的快递服务，虽然其网点具有全国最大的覆盖范围，却只是主要满足一般邮件的“下行”需要，若要做好“农产品上行”，还必须对邮政系统进行较大程度的改造，而这个改造往往是脱胎换骨式的，难度很大。

三、乡村电子商务物流发展路径

1. 乡村电子商务物流基础设施建设

（1）电商物流体系建设　按照商务部发布的《农村电子商务服务规范（试行）》（详见第三章）的要求，大力推进乡村物流体系建设，主要包含“整合县域现有的物流资源，实现资源的合理化配置，为农村群众提供快递收发、本地物流配送等服务”。其中，县域物流资源主要是指本地物流企业、专业物流园区、县域物流中心、乡镇物流中转站、连锁商贸物流、邮政快递网点、供销农资站点、村社零售店铺、农贸批发市场、农业生产基地等与电子商务相关的实体服务系统。整合这些资源实质也是建设电子商务物流体系的过程，通过相互之间合作、引入电商系统并改造提升功能，发挥传统物流资源承载电子商务服务的能力，同时节省新建物流设施的投入。

（2）服务站点体系建设　《农村电子商务服务规范（试行）》还要求建设乡村电子商务服务站体系，即在每一个行政村甚或自然村，选择在农村商店、村民活动中心、村民自住房等，建立一个专门化的电子商务服务站，配备当地人员负责为村民提供电子商务基础服务，主要包括乡村电子商务普及培训、网上代买代卖、生活生产与经营方面的便民服务等，其中便民服务还包括快递代收代发。针对电子商务的需要，电子商务服务站实际上面向末端农村用户起着“下行配送”和“上行收集”的作用。“下行配送”往往对应于网上代买，即服务站的人员为村民代买网上商品后，经第三方物流公司将货物送达此服务站，再由服务站人员配送给各个村民，实现电子商务消费。“上行收集”则往往对应网上代卖，即服务站的人员为村民在网上开店，代为销售本地农特产品，一旦外来购买订单确定，服务站人员负责收集或收购本地农特产品，经过集中包装等处理之后，再委托第三方物流公司将货物发往网上消费者所在地。显然，服务站的功能要兼顾上述两方面的服务，即工业品“下行配送”和农产品“上行收集”，其中后者的建设难度更大，应当引起充分重视。

（3）物流园区体系建设　2017 年《中共中央国务院关于深入推进农业供给侧结构性改革加快培育农业农村发展新动能的若干意见》（以下简称《意见》）对乡村电子商务的部署进一步加强，在“推进农村电商”标题下明确提出“鼓励地方规范发展电商产业园”，要求电商产业园“聚集品牌推广、物流集散、人才培养、技术支持、质量安全等功能服务”。电子商务物流园属于电子商务产业园的一部分，或者是同一范畴的不同类型。要鼓励电子商务平台企业和第三方物流企业面向农村建立“县域物流园区”“乡镇物流中心”和“村级服务站”，将电子商务服务与电子商务物流融合在一起，同时让村级末端物流融入平台企业的“大物流”体系，构成以物流园区为核心的县域双向互动物流实体系统。

（4）冷链配送体系建设　2017 年《意见》同时提出，“完善全国农产品流通骨干网络，加快构建公益性农产品市场体系，加强农产品产地预冷等冷链物流基础设施网络建设”，体现对骨干物流网络、冷链物流基础设施网络建设的重视。冷链物流是生鲜农产品电子商务的关键，因为其建设维护成本高，企业参与的动力不足，即使非常有实力的物流集团在发展期也不愿意贸然涉足冷链领域。因此，由政府支持建设一个区域性的农产品冷链设施体系较为现实，意义尤其重大。一旦建成，不仅为生鲜农产品电子商务铺平道路，更重要的是它把全国城乡生鲜供应解决了，这是利农、利民的大好事，最大的民生项目，也是一个巨大的 GDP 工程，能够拉动县域经济增长。既可解决全国城乡生鲜农产品及时配送，又让人民生活品质大大提升,还可以推动乡村电子商务更上台阶,并促进农业集约化生产、农村物流的问题得到更大程度的改善。

乡村电子商务物流发展与建设方向模式见图 6–10。

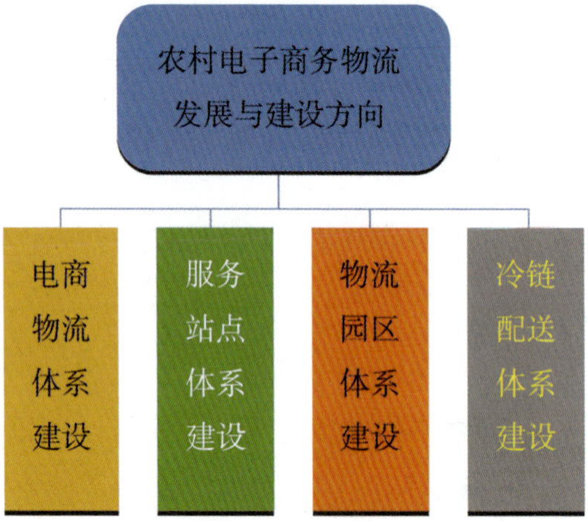

图 6–10　乡村电子商务物流发展与建设方向模式

2. 乡村电子商务物流渠道互联互通

2017 年《意见》在阐述推进乡村电子商务时提到，“推动商贸、供销、邮政、电商互联互通，加强从村到乡镇的物流体系建设，实施快递下乡工程”，具体明确整合现有物流资源主要针对商贸、供销、邮政和电商四个渠道。除此之外，一些乡镇本地化的小微个体物流公司也应当纳入资源整合范畴。

（1）商贸物流渠道　在县域范围内，面向农村的商贸体系相对比较健全，从县级大型商贸中心、专业批发市场到百货商场、连锁商超，直到农村小型商业零售店、农贸市场等，能够广泛覆盖于农村地区。这些商贸实体企业都有自己的仓储运输设施，并且处于相对稳定的日常运行状态，特别是那些本地化的连锁超市，其货物配送系统具有较强的乡村渗透力。在挖掘电子商务物流渠道时，应当充分利用本地连锁商超的货物配送系统，引导其在现有基础上升级转型为电子商务物流服务载体，夯实进乡村的仓储配送能力，提升服务的标准化水平，保证定期送达和转运。与电子商务平台企业和第三方物流企业的物流体系进行有机对接，既可减少大型物流企业进入乡村渠道的重复建设，又能使自己原有的货物配送系统产生承接外来“进乡村”物流业务的增值服务，创造新的盈利点。

（2）供销物流渠道　长期以来，供销合作社肩负着对重要农业生产资料、农副产品经营进行组织、协调、管理的职责，成为连接城乡、联系工农、沟通政府与农民的桥梁和纽带，是城乡物资交流的重要渠道。2015 年 3 月中共中央、国务院印发《关于深化供销合作社综合改革的决定》，提出拓展供销合作社经营服务领域，包括提升农产品流通服务水平，在集散地建设大型农产品批发市场和现代物流中心，在产地建设农产品收集市场和仓储设施，在城市社区建设生鲜超市等零售终端。加快形成连锁化、规模化、品牌化经营服务新格局，顺应商业模式和消费方式深刻变革的新趋势，加快发展供销合作社电子商务，形成网上交易、仓储物流、终端配送一体化经营，实现线上线下融合发展。目前，各地供销合作社组织都在积极推进电子商务服务，急需解决人才和机制等制约发展的问题。

（3）邮政快递渠道　新中国成立以后，特别是改革开放以来，中国邮政持续、快速、健康发展，邮政网络四通八达，基本形成航空、铁路、公路多种运输形式综合利用，连接城乡、覆盖全国、通达世界的现代邮政网络。2010 年 8 月，中国邮政集团公司与 TOM 集团有限公司联合推出的合资 B2C 网站——邮乐网，提供全方位的订购服务，线上订购服务包括互联网和手机订购，线下则有目录直邮销售、邮政网点下单、11185 呼叫中心下单以及客户经理上门服务等订购服务方式，形成多渠道、全方位、集线上线下于一体的立体营销网络。主要销售品牌服饰、箱包鞋帽、个人护理用品、居家生活用品、食品保健品、母婴用品、数码家电等 7 大类商品。2015 年，中国邮政积极参与乡村电子商务服务，其主要优势是：有遍布全国的 25 万个便民服务网点，11 万个“三农”服务站，9 万个村邮站，5 万多个网点，70% 以上分布在农村，60 万个行政村通邮；拥有中国最大的快递公司 EMS，拥有飞机 17 架，配送人员 15 万，配送车辆 10 万，全国集散中心 150 个；针对中国乡村电子商务需要提供国内小包业务，用优惠的资费对乡镇县级以下的电子商务给予充分的支持。但是，在“农产品上行”电子商务方面，中国邮政还需要大力创新服务模式。

（4）电商平台渠道　如前所述，各大电子商务平台商和第三方快递公司都在积极实施渠道下沉计划，京东、淘宝、苏宁、顺丰等，各自在县乡镇建立配送服务站点，力求打通农村“最后一公里”渠道。但是，由于物流成本原因，企业投资难以得到回报，乡村站点的覆盖面受到限制，一般这些企业的渗透范围只能到达县级和一些大型乡镇，再难以下沉至村社。

（5）本地物流渠道　目前，各地县域范围存在许多本地化的小微物流仓储运输企业或个体经营者，围绕本地局部的具体行业需要开展物流服务。他们的业务较为灵活，熟悉本地需求，运营成本相对低廉，一定程度上弥补了县域及乡村物流的不足。但是，规模小、服务标准化程度低等因素，导致他们发展不稳定。

除上述现有物流渠道起源外，还有各的工业园区、农业基地、物流中心等的仓储、转运资源，都可以作为电子商务物流渠道进行整合，通过增加电子商务服务功能，使之为乡村电子商务所用。

3. 乡村电子商务物流联盟优化成本

（1）物流联盟模式不断创新　物流联盟是以物流为合作基础的企业战略联盟，它是指两个或多个企业之间，为了实现自己物流战略目标，通过各种协议、契约而结成的优势互补、风险共担、利益共享的松散型网络组织。生产运输企业通过物流或供应链的方式形成联盟有利于提高企业的物流效率，实现物流效益的最大化。中小企业为了提高物流服务水平，通过联盟方式解决自身能力的不足。第四方物流对物流服务的各个机构尤其是第三方物流公司进行整合，在数量上和质量上服务能力都大大提高，解决单独靠一家企业或第三方物流机构不能完成的问题，产生新的联盟方式。国际互联网技术的广泛应用使跨地区的物流企业联盟成为可能，异地物流企业利用网络也可以实现信息资源共享，为联盟提供了有利的条件。

（2）物流联盟成本显著优化　物流联盟的最大好处是可以发挥规模经济的效应，因为物流业务规模的扩大可以使企业能够利用更先进的技术、设备来使企业内部分工更合理、更专业化，从而提高服务效率。如果企业规模过小，运输能力、仓储配送能力、服务范围都有限，造成服务成本相对较高，规模效益难以实现，因此扩大规模是物流企业降低成本的重要途径。扩大企业规模的方式有两种，一是通过制定现代物流行业规范和制定市场准入限制等措施，限制小于规模经济的第三方物流企业的发展与注册；二是通过鼓励合资、合作、兼并、整合等措施扩大现有第三方物流企业的规模。在物流联盟中，物流企业对资源的使用界限扩大，提高了资源使用效率，可以明显减少整体运行成本。

（3）乡村电商物流联盟途径　借鉴物流联盟模式，积极探索乡村电子商务物流发展路径。通过建立乡村电子商务物流联盟，可以降低电子商务进农村的双向物流渠道整体建设和运行成本，使“工业品下行”和“农产品上行”通道更加顺畅。根据上述对县域物流渠道资源的分析，乡村电子商务物流联盟可以采取两种方式加以实现：一是“横向联盟”，即将现有商贸、供销、邮政和电商等物流渠道进行横向整合，建立互补共赢的合作机制，实现相互之间取长补短、资源共享、协同运作的目标；二是“纵向联盟”，即以县域城镇为节点，在县域城镇建立物流交换中心，对外连接电子商务平台和第三方快递公司的物流体系，对内连接本地化商贸、物流联盟系统，形成内外物流体系有机对接联盟模式。既减少了外来物流体系的成本投入，又发挥了本地商贸与物流企业灵巧运行的优势，还解决了本地物流企业规模小等诸多不利状况。

第三节　农产品电子商务品牌建设

一、中国农产品品牌推进年启动

2017 年 1 月 23 日，当时的农业部发布《关于 2017 年农业品牌推进年工作的通知》，吹响了中国农产品品牌推进的号角。这是新中国成立以来中国政府第一次提出将某个具体年度命名为农产品品牌年，充分说明对农产品品牌建设的重视程度，突出农产品品牌在现阶段中国农业转型升级中的核心地位，见图 6–11。

通知强调电子商务对农产品品牌推广的重要作用，借此东风，更有利于农产品电子商务品牌快速发展。涉及电子商务与农产品品牌建设的相关性内容如下：

图 6-11　当时的农业部确定 2017 年为农业品牌推进年

1. 强化顶层设计和制度创设

实施农产品品牌战略是国家一项农业发展战略，由国家进行顶层设计和制度创设。主要解决的问题包括：农产品区域公用品牌的主体资格和管理；处理农产品区域公用品牌和农产品企业品牌的母子关系；农产品品牌营销的经费来源、政府补贴和经费使用；利用新媒体促进农产品品牌营销；品牌农产品的商品化和标准化；持续提升品牌农产品的质量；利用电子商务平台加速品牌农产品销售；利用农产品特色区建设促进农产品品牌化；通过农产品品牌化帮助农民增收；保证消费者和农民双赢局面；发挥专业农产品营销机构的作用；促进优质中国农产品走向世界。

2. 创建农产品品牌推广平台

定期举行中国农产品品牌发展大会，使之成为中国农产品品牌亮相的舞台和推介的重要窗口。通过对品牌农产品的现场推荐、评选、宣传、营销,激发各地对农产品区域公用品牌和企业品牌的创新活力。

3. 建设特色农业品牌优势区

现阶段，我国农产品品牌离不开强烈的地域背景，强化农业优势区建设是打造特色农产品品牌的重要基础。因此，首先做好农产品生产区域规划，建设特色农业优势区，然后在此基础上深入挖掘优势区农产品的品质与文化特色,合力打造农业优势区的公用品牌，深刻印入消费者记忆，进一步带动农产品企业品牌百花齐放。

二、电商化与品牌化协同互动

据中国电子商务研究中心调查研究，许多地方政府十分重视电子商务基础设施和服务体系建设，不遗余力花费大量的人力、物力、财力，但是对农产品品牌化的重要性认识不足。在电商化和品牌化两者之间，电子商务无疑是工具和方法，品牌则起着引领电子商务方向的作用，如果没有品牌作支撑，电子商务将会失去动力。

1. 农产品品牌创建模式

一般而言，农产品品牌有以下四种创建模式：产地品牌、品种品牌、企业品牌和产品品牌。

（1）产地品牌　是指拥有独特的自然资源以及悠久的种养殖方式、加工工艺历史的农产品，经过区域地方政府、行业组织或者农产品龙头企业等营销主体运作，形成明显具有区域特征的农产品品牌，也称为农产品区域公共品牌。一般的模式是“产地＋产品类别”，如“西湖龙井”“库尔勒香梨”“赣南脐橙”等。该类品牌的价值在于生产的区域地理环境，至于是这个区域哪家企业生产的，并不重要。一般这种有特色的农产品品牌都已注册地理标志，受《中华人民共和国商标法》的保护，是一种极为珍贵的无形资产。

（2）品种品牌　是指一个大类的农产品里的有特色的品种，既可以成为一个品牌，也可以注册商标。例如“水东鸡心芥菜”“红富士苹果”。农产品品种品牌的一般格式是“品种特色+品类名字”，例如，“彩椒”特指彩色的辣椒，凸显外观特色；“大器大荔”（和“大吉大利”谐音）附加文化特色等。

（3）企业品牌　是指以农产品企业的名字注册商标，例如“中粮”和“首农”。企业品牌可以用在一个产品上，也可以用在多个产品上，例如“雀巢”，包含“雀巢”咖啡、“雀巢”奶粉、“雀巢”水等系列产品。在农产品流通领域，还有一种渠道品牌也属于企业品牌。渠道品牌就是一个渠道的名字，例如“天天有机”专卖店，卖的都是有机绿色食品,店里可以有几百个甚至上千个的产品品牌。

（4）产品品牌　是指对于单一或者一种产品创建一个品牌，注册一个商标，例如大连韩伟集团的“咯咯哒”鸡蛋。

2. 创建区域公用品牌

人们对农产品的认知，往往停留在产区和品类层面，例如五常大米、西湖龙井、烟台苹果、阳澄湖大闸蟹等，并不知道哪个品牌的产品是高品质的。大多数农产品还处于有品类、无品牌的状态。因此，在现有情况下，创建电子商务公用品牌符合现实需要。由浙江大学中国农村发展研究院中国农业品牌研究中心主持的“中国农产品区域公用品牌价值评估”研究，在 2015 年评出全国农产品区域公共品牌价值榜，排在前 10 名的公共品牌见表 6–1。

表 6–1　2015 年农产品区域公共品牌价值榜前 10 名

排名	省市	品牌名称	品牌价值（亿元）
1	重庆	涪陵榨菜	138.78
2	山东	烟台苹果	105.86
3	浙江	余姚榨菜	66.05

续 表

排名	省市	品牌名称	品牌价值（亿元）
4	福建	安溪铁观音	58.27
5	浙江	西湖龙井	58.20
6	江西	赣南脐橙	57.69
7	河南	信阳毛尖	55.73
7	陕西	洛川苹果	55.73
9	云南	普洱茶	55.66
10	河南	灵宝苹果	53.23

在引导发展乡村电子商务的过程中，由政府主导农产品区域公共品牌建设，专业协会具体实施创建，通过对历史文化以及本地产业特色的挖掘、包装和传播，增强本地农产品整体影响效果，让农业企业、个体农户和农产品网商等共同受益，降低农产品经营实体进入电子商务市场的品牌成本。

创建一个地区农产品电子商务公共品牌时，要注意在当地最具优势和特色的农产品上发力。当某个农产品拥有较大规模并在国内具有较大影响力时，政府主导创建单一产业的区域公共品牌，可能成为电子商务的"爆款"，此后这个"爆款"可能进一步带动其他产业共同发展，例如烟台苹果、中宁枸杞、西湖龙井等。如果在缺乏"爆款式"主导产业而有多个产业齐头并进的地区，则应该用整合各个产业，在共性中挖掘个性，打造综合性品牌，例如丽水山耕、红河九红、毕节珍好等都是当地政府量身定制的综合性区域公共品牌。如果需要打造全域品牌，则要求在三产融合前提下，将生产、加工、旅游进行深度整合，创建复合型区域公用品牌。

国内专家通过对遂昌和临安进行调研，发现遂昌比临安的电商化知名度高，但在实际电子商务交易数据上，遂昌却与临安有明显差距，一个重要原因是临安拥有一个更响亮的农产品产业品牌，即

"临安山核桃"。"临安山核桃"让消费者产生直接购买目标，同时易于口碑相传，导致临安山核桃产业迅速壮大，带动坚果类产业协同发展起来，增强整个县域的产业收益规模。相比之下，遂昌则没有这样的产业品牌，不能勾起消费者直接购买欲望，不仅联想中断，而且缺乏口碑相传的产品载体，一定程度上制约产业发展。因此，区域农产品公用品牌要建立在本地特色产业之上，而不是其他领域的形象化品牌。不过，遂昌走综合产业化路子，更符合大多数农村地区的实际情况，推广的适应面更加广泛。

据阿里巴巴《农产品电子商务白皮书(2015)》报告，互联网颠覆了传统农产品的内涵，延伸了品牌的外延，借助电子商务和社交平台，新农人成长为网红，传统品牌转型为线上品牌，地标产品演化为区域公用品牌。

3. 鼓励企业自创品牌

在产品质量有充分保证的前提下，企业要精心创意电子商务新品牌，以品牌引领网红，促进引爆网购热点。对于农产品企业而言，质量可控、标准完善是品牌建设的基石，农产品电子商务品牌的建设同样离不开质量保证和标准化服务。一般主要通过三种方式达到保证农产品质量的目的：一是通过严格执行国家、行业甚至要求更高的企业标准来规范，也可以通过无公害、绿色、有机等各种农产品质量认证进行保障；二是建立完善的全程标准化体系，从产品品质到采购、清洗、包装、储藏、销售、运输、配送、服务等环节，建立一整套标准化流程；三是产品可追溯，实现物流和质量的双向追溯，让消费者得到质量安全、品质稳定、流通透明、值得信赖的产品，形成品牌凝聚力。

除此之外，企业还要通过建立系统化、专业化的管理团队，创建具有代表性的特色产品形象及标识，明确品牌定位和目标消费人群，开展差异化营销，提供特色服务，实行精细化管理，让消费者在短时间内形成品牌辨识度和认同度。充分利用科技创新赋予农产品品牌更加丰富的内涵，例如天然、有机、健康、营养、安全等高端化特质。建立农产品质量追溯体系，严格执行追溯程序，保证追溯过程的数据真实可信，同时建立消费者反馈机制和企业信誉黑名单制，及时对质量追溯过程中不合格产品及其企业进行曝光。农产品溯源的作用，见图 6–12。

图 6–12　农产品质量追溯的作用

三、品牌化和组织化协同推进

1. 社会化分工协同推进

农产品电子商务品牌主要由形象、服务和产品三要素构成。农产品公共品牌的建立不能靠企业或农户独立完成，必须进行社会化分工共同完成并共同维护。在品牌三要素中，产品是基础，产品品质是根本保证。产品品质保证主要来自两方面，一是农业生产企业或农户能够出产高品质的产品，二是将农产品收集起来对其进行质量检测，遴选出合格品或优质品，筛除劣质品，以利于标准化处理。这两方面的工作既可以由企业或农户独立完成，也可以实行社会化合作的方式。对于农产品公共品牌而言，以社会化合作方式创建较为适宜，即农业企业或农户主要负责保证生产出高品质产品，政府主导下由专业协会、专业合作组织或专业服务团队等负责收集并遴选优质品，实施标准化包装，建立产品追溯系统，再由电子商务服务公司对农产品进行形象设计并开展品牌营销，之后物流公司负责快递配送，等等。这样，将农产品电子商务品牌的三要素分解到社会各个领域协同承担，共同创建并长期维护，避免区域内个别企业或农户不顾整体利益发送劣质品而损害公共品牌信誉。

2. 企业品牌与公用品牌互动

在鼓励企业自创品牌的同时，注意将企业品牌与公共品牌进行互动推广，达到相互辉映的效应。一方面，企业要借助公用品牌为自己的特色产品引流，为电子商务创新和创业铺平道路；另一方面，自身品牌要依靠特殊的生产过程、科技创新、标准化水平、营销技法或服务质量等加以支撑，既与公用品牌下的产品具有相同的基本品质，又能在此基础上创造出独特的内涵，产生吸引消费者的强烈魅力，最终让企业品牌反哺公用品牌。周而复始，循环往复，将企业品牌和公用品牌的效用发挥到极致。

导入案例

四川省安岳县盛产柠檬，年产量占全国柠檬产量的 80%，柠檬产品享誉国内外。在“安岳柠檬”公用品牌之下，有上百家涉农企业和农户通过电子商务销售柠檬这一特色产品，同时开发出柠檬油、柠檬果胶、柠檬发酵果酒、柠檬发酵果醋、柠檬茶、柠檬饮料等系列产品 30 多个。个体网店超过 500 家，加入淘宝网、天猫商城营销安岳特色农产品占 90% 以上。围绕“安岳柠檬”，不乏个体网商自行注册公司、开设网店、深挖产品特色、自创个性化品牌。其中，安岳永腾商贸有限公司，注册“润宁”商标，在阿里巴巴开设网店，利用多元化营销方式赋予“安岳柠檬”更多的故事内涵，增强了“润宁”品牌的“黏度”，不仅在公用品牌下获得高关注度，受到境外客户的青睐，2015年达到月销量6万千克、年销量85万千克，实现交易额100多万元的业绩，而且“润宁”为“安岳柠檬”增添了亮点。2016年中国品牌大全网测评的“安岳柠檬”公用品牌的十大企业品牌，见图6-13。

图6-13 “中国品牌大全网”2016年测评“安岳柠檬”十大企业品牌

（1. 柠之恋 2.HF XING HONG FA 3. 华秧 4.Fruitone/ 世果汇 5. 柠聚园 6.SCHN/ 华柠 7. 安岳柠檬 8. 美一嘉 9. 鲜游记 10.LTD）

第四节 乡村电子商务人才培养

一、乡村电子商务人才培养目标

1. 人才培养意义

乡村电子商务发展启示人们：开拓农产品网络市场能够带动农业快速发展；通过网络购物可以提高农村的生活质量；转型成为网商让农民找到致富的新路。这是乡村电子商务发展的必要性，是大势所趋，乡村电子商务还将得到长久发展。

未来乡村电子商务发展主要围绕以下3个方向：

（1）O2O 结合　电子商务营销进一步与乡村特色产业深入融合，线上的业务与线下的产业链或供应链形成联动机制，农产品网商与农业企业组成命运共同体。

（2）远近结合　电子商务突然拓宽了农产品的销售范围，跨出本地消费的局限，远销全国甚至全球。与此相对应的却是，引出农产品物流和冷链脱节的问题，对农产品电子商务造成极大阻碍。于是一些地区在电子商务初期阶段提出“就地打滚”的策略，起到对传统产品及其渠道进行改造、人员练兵的作用，当农产品生产、收集、物流、供应链等线下环节与电子商务匹配成熟之后，再逐步向中远地区、遥远地区扩展。

（3）农旅结合　在全域旅游的带动下，乡村旅游作为全域旅游的重要组成部分得到大面积开发，美丽乡村、特色小镇、民俗村寨等遍布新农村。乡村旅游不可或缺的“认养”“认植”“认种”和“认购”等现实体验，为农特产品消费打开新的窗口。农产品电子商务必将在乡村旅游电子商务大潮中不断创新。

鉴于乡村电子商务当前带来的好处及其未来发展趋势，在乡村大力开展电子商务人才培养具有长远意义。实践证明，乡村电子商务两个最大的瓶颈——人才和物流中，最难以解决的还是人才问题。

2. 人才培养对象

如前所述，乡村电子商务是一个社会化协同工程，涉及社会各个领域的企业、机构及人员参与建设和服务。中国电子商务知名专家李琪教授提出，乡村电子商务需要“五力协同”才能够做好。李琪教授亲自带领专家团队深入重庆忠县的农村，与当地政府、企业、学校、协会、农户广泛探讨电子商务实施问题，通过社会化的协同，迅速将忠县乡村电子商务全面铺开，取得显著进展，在乡村电子商务领域产生较大影响。

所谓“五力协同”是指将社会五个方面的力量（政府、产业、学校、研究机构、用户）动员起来，积极投入到县域电子商务和乡村电子商务建设中。政府引导发展方向，制定政策，组织协调社会力量和资源，营造电子商务发展良好氛围和环境。产业企业为主导，积极拥抱电子商务，实施电子商务计划，创新电子商务模式，促进自身快速升级转型。学校面对电子商务发展需要，增设电子商务类专业，培养电子商务应用人才，引导学生投身电子商务实践与创业。研究机构为企业研发电子商务平台系统，调研电子商务发展的实际问题，为县域电子商务发展出谋划策。用户是电子商务需求的源泉，乡村电子商务用户的需求程度、需求范围、需求体验等决定该地区电子商务市场的状况，引导农村用户网上消费，帮助农村用户树立正确的网络消费观念、增强网络消费安全与信用意识，对于形成本地化网络市场至关重要。为践行“五力协同”理念，李琪教授带领高校教师团队多次到重庆忠县开展电子商务培训。

综上所述，乡村电子商务人才培养对象也是多层面的，主要有以下几类：①政府各个部门的领导及公务员，特别是分管电子商务的领导及与电子商务相关的业务部门公务员。②返乡大学生及青年（包括电子商务扶贫志愿者），个体农户创业者。③农业、工业、服务业企业的高层管理人员及相关业务人员。④在校学生。⑤农村网络消费者。

3. 人才培养目标

针对上述五类对象，其培养目标有着明显差异。

（1）政府领导及公务员培养目标　了解国际国内电子商务发展状况，熟悉中央及国家对乡村电子商务的发展思路和宏观政策，学会电子商务平台、电子商务服务、电子商务应用的基本模式，结合本地特色产业学习类似地区乡村电子商务发展经验，深入考察本地乡村电子商务发展情况，发现本地乡村电子商务发展问题，培养能把握全局、熟悉环境、理解产业、理清思路、协调组织和制定政策的领导干部和政务服务人员。

（2）大学生、创业青年及个体农户培养目标　熟悉电子商务创业环境，掌握网店创业基本技法，学会多媒体制作及其营销推广，学习网店运营管理经验，学会微营销技能，理解电子商务与供应链的关系，树立质量保证第一的观念，增强维护电子商务品牌与信誉的全局意识，培养既具有电子商务实战能力，又具备电子商务产业整合思维的长效型创新人才。

（3）传统企业管理及业务人员培养目标　认清电子商务发展趋势，领会电子商务运营特点，掌握网络营销策略与方法，学会移动商务沟通与管理，学习传统行业电子商务应用模式，理解“互联网+”对农村产业的长远影响，培养具有全局意识、立足行业发展、致力于供应链协同运作的电子商务应用人才。

（4）在校学生创业培养目标　熟悉电子商务创业环境，掌握网店创业基本技法，学会多媒体制作及其营销推广，学习网络营销策略与方法，增强创业意识和风险应对能力，培养具有电子商务实战经历、适应电子商务服务业广泛领域需要的创新创业人才。

（5）乡村网络消费者培养目标　熟悉网络购物流程，掌握移动购物方法，了解主流网络购物平台特点，学会网货选择与比较，树立对假冒伪劣网货的防范意识，培养能够自主网络消费、维护自身基本权益和善于与网商客服互动的新农人。

根据上述各类人员培养目标可以制定不同类型的培训课程体系

和学习内容，这里不再赘述。

二、乡村电子商务人才培养方式

1. 面向政府领导及公务员培训

政府领导重视，政府分管电子商务事务的部门（一般为商务部门、经济信息部门等）负责组织，聘请国内外电子商务专家（包括学术专家和实战专家）举办讲座，最好是国内知名学术专家与实战专家同台演讲，既能把握宏观趋势，又能掌握实操落地的方法，还可以开展为期较长(一般7天)的电子商务理论与实践知识系统培训。培训期间增加学员与专家互动的研讨活动，实用效果更佳。

2. 面向创业青年大学生及个体农户培训

由政府组织与引进电子商务企业工作相结合，请电子商务企业高层管理人员或专职培训导师为青年大学生及个体农户进行实操培训。国内乡村电子商务专家调查发现，各个地区电子商务应用特点不同，对电子商务人才培养的内容也大相径庭。例如，东北地区的农业企业，规模较大，不缺货品，也有充足的经费，最缺的是电子商务市场终端人才，因此需要对他们富有传统市场经验的市场部门负责人进行培训，这些负责人急需掌握网络市场推广和电子商务经营管理知识技能以满足对大宗农产品电子商务运营的要求；而在东部沿海或南方地区，因单品农业规模小，货品较少，适合做“小而美”的农产品网货，特别适合年轻人创业，所以对他们的培养重点则是如何创意个性化的品类，构建独特的人格品牌，增加农产品的附加值，规避产量小、农村物流成本高等风险制约。

实践经验表明，在青年大学生和个体农户中还有一种人值得关注，就是“电子商务青年志愿者”或“电子商务扶贫志愿者”。一旦给大学生赋予这两个称谓，就能为大学生确定一个可得到政府认可和政策支持的“正式”身份，在政府领导、大学生村官、农户和网商之间起到纽带的作用，为他们做许多辅助性事务工作，包括宣传政府扶贫扶持政策、协调电子商务服务资源、帮助农户开设并维护网店、参与网商的经营推广等。对于这部分大学生，需要进行电子商务推广、经营、服务、协调等综合知识培训。

3. 面向传统企业管理及业务人员培训

这里的传统企业主要是指农业生产企业、专业合作社组织及农产品加工企业等。一般由企业自行组织员工开展电子商务普及培训，或者指派员工参加由政府举办的培训活动（如电子商务大讲堂等）。对于市场营销人员则需要不断更新电子商务知识，定期把他们送派到由电子商务服务公司举行的高端专业培训班学习，对于传统企业近期提升和长远发展极为有利。

4. 面向在校学生创业培训

鼓励县级职业院校开设电子商务专业，注重电子商务实践教学，立足实战实用，引导学生在校期间进行电子商务创新创业。在学校设立电子商务专门的教学、实训与实战区，配备团队工作、商品摄影、图像处理及物流仓储等设施，与传统企业建立合作关系，将企业产品作为学生网上创业的真实货品，以实战销售业绩评价学生的成绩，让学生具备电子商务综合实践能力，适应本地电子商务发展对人才的广泛需求。

支持社会培训机构和电子商务企业开办电子商务实训班，面向创业学生进行电子商务实战知识的系统培训，与职业院校电子商务专业培训形成互动、互补格局，健全县域电子商务实训实习体系。

5. 面向乡村网络消费者培训

鼓励电子商务企业在建立村级电子商务服务站点的基础上，深入村庄利用自己的电子商务系统为农户开展网购网销指导培训，为农户提供便捷、可靠和安全的网购网销体验。目前，邮政、供销、农资、平台商的电子商务渠道推广系统均可作为农村网络消费者的导购导售培训平台。

第五节　农资电子商务服务

一、农资电子商务发展情况

1. 农资电子商务新兴领域

农资电子商务是指生产农产品的企业和农户在网上购买农资产品，包括农药、化肥、农机等的交易过程，以及提供与农资产品相应的指导服务。农资电子商务近几年在我国悄然兴起，它面向一个万亿级的市场基础，加之国家长期大力扶持，其前景充满希望。农资行业长期远离商业和资本的聚光灯，且因农资本身具有较强的专业性，所以电子商务渗透到这个领域需要突破诸多传统模式的制约。

农资领域的电子商务热从 2014 年就开始初见苗头，各个互联网平台都在不断地尝试，在尝试中不断地更新迭代。基本每个平台都经历了 2~3 代的模式更迭。在这个过程中，大家从 1.0 时代如出一辙的模式，逐渐变得各有特色，更加理性，形成不同的模式和格局。2015 年农资电子商务达到爆点，农资电子商务平台风起云涌，浪潮迭起，企业纷纷试水，经销商跃跃欲试，第三方平台不甘示弱，多方力量频繁“触电”。

2016 年农资电子商务因受困于资金和市场等因素而有所踌躇，正如深圳新农宝 CEO 金明德认为，农资企业利用互联网，难在隔行如隔山。尽管如此，各大互联网公司仍然加快布局农资电子商务，例如联想投资农资电商“云农场”，深圳“大丰收”农资商城等多个农资电子商务平台纷纷涌现；“农一网”的“三点式”思维、布局和实践，让农资电子商务进入新的境界，守住日渐冷却的行业温度；“新农宝”扎根孵化各地县域电子商务，逐渐聚焦于区域电子商务孵化和企业信息化技术服务；京东集团继续围绕“1、2、3”战略规划，深入农资产业链不断创新，他们将农资电子商务从 1.0 时代成功升级到 2.0 时代。

农资行业传统模式至少包括“厂家→县级经销商→村镇零售店”3 个经销层级，每两个层级之间都是“多对多”关系。主要痛点在于：厂家产能过剩，渠道资源紧张；经销商的代理品牌有限，流通层级多，成本高；渠道商赊销严重；价格和产品信息不透明，购买成本高。简单而言，农资电子商务能够使农资厂家通过减少层级来提高流通效率，让农民得到更大实惠，还涉及售后、物流、产品品类等综合服务的需求。

2. 国内主流农资电子商务平台

2016 年国内主流农资电子商务平台情况对比见图 6–14。

图 6–14 表明，农资电子商务平台的整体上线时间集中在 2014 年 12 月至 2015 年 5 月，这是农资电子商务进入的窗口期，它们都较好地完成了市场布局。不论上市公司还是电子商务平台公司，以及互联网创业者都能涉足农资电子商务领域，各有不同资金来源和线上线下模式，呈现百花齐放的局面。

项目对比	厂家背景农资电商				电商巨头背景农资电商		互联网背景农资电商		
	田田圈	云农场	农一网	农商一号	京东农资	农村淘宝	大丰收	七公里	丰收侠
平台背景	诺普信	圣丰种业	辉丰	金正大	京东	阿里巴巴	第三方互联网	第三方互联网	第三方互联网
上线时间	2015年5月	2014年2月	2014年12月	2015年7月	2015年9月	2015年7月	2014年12月	2014年12月	2015年4月
投资方	自有资金	圣丰种业 联想集团 春晓资本	自有资金	社保基金 +自有资金	自有资金	自有资金	经纬中国	真顾基金 启明创投	红杉资本 险峰长青 德沃基金等
投资金额	不详	数千万美元级	不详	20亿	不详	不详	天使轮： 800万人民币 A轮： 数千万人民币	天使轮： 700万人民币 A轮： 500万美金	天使轮： 数百万元 A轮： 数千万元
目标群体	农资零售商	农资零售商	农资零售商	农资零售商	农户	零售商/农户	种植大户	农资零售商	农资零售商
目标区域	26省	10+省	不详 约5+省	不详 约5+省	不详 约10+省	网销 全国	安徽、江西、湖南、湖北、江苏	陕西、河南、河北	山东、河南、河北等
业务模式	B2B	B2B	B2B	B2B	B2B2C	C2C/B2C	B2B2C	B2B+SAAS	SAAS+B2B
线下模式	连锁加盟	服务站+金融	连锁加盟	连锁+农民会员制	县级运营中心+推广员	县级运营中心+村级合伙人	服务站+代购员+金融	连锁加盟	服务站
盈利点	产品差额利润	产品差额利润	产品差额利润	产品差额利润	开店费+产品差价	产品差价	佣金+广告+加盟费	产品差额利润+服务费	SAAS服务，部分不详
主营产品	诺普信系列	单元素肥（测土配肥）	辉丰系列+飞防无人机	金正大、新农道为主，辅以小品类	主流品牌均有	主流品牌均有	主流品牌均有	不详	不详
是否补贴	是	是	是	是	不详	不详	否	不详	是
平台特色	自营+金融	化肥定制+金融+农产品	自营	自营	开放平台+部分自营+金融	商家众多+金融+农产品返销	开放平台+部分自营+金融	半封闭平台	全封闭平台
品类情况	农药为主	肥料为主	农药+无人机	肥料为主	种子、农药、化肥	种子、农药、化肥	农药+肥料+小型农机	农药、肥料、日用品	肥料
物流环节	厂家→县级田田圈→镇级田田圈→农户	厂家→云农场→农户	厂家→门店→农户	厂家→门店→农户	厂家→京东仓→县级运营中心→京东帮→农户	卖家→农户	厂家→大丰收服务站→农户	厂家→七公里→七公里服务站→农户	经销商→零售商 厂家→丰收侠→零售商→农户
主要不足	品牌受限 环节多	品牌受限 环节多	品牌受限 环节多、无金融	品牌受限 环节多、无金融	线下农技缺乏 、 配送成本高	商家层次不齐 无线下支撑点	自营品牌不足	不详	无厂家授权产品

图 6-14　国内农资电子商务平台情况对比（资料来源：大宗商品电商圈）

二、农资电子商务常见模式

1. 农资企业电子商务模式

（1）整合传统市场渠道　农资企业长期依赖经销商，物资流通渠道漫长，导致中间环节成本居高不下。建立农资电子商务服务体系，目的是改造传统渠道环节，降低对经销商的依赖程度，实现渠道扁平化。“田田圈”代表农资公司背景的电子商务模式之一，他们通过注资、加盟或其他形式转化已有的县级经销商，让“田田圈”成为经销商的股东，实现利益捆绑，形成县级“田田圈”经销层面后，再选择建立镇级零售网点，最终形成以“田田圈”为核心的分销网络体系。

（2）推动“电商+连锁”布局　在实施农资电子商务的过程中，由于消除一些冗余中间经销环节，物资流通成本大大降低，农资企业采取降低农资产品价格的方式争取更多的终端用户，同时让利给连锁零售网点，实行农资产品统一定价，通过薄利多销巩固现有合作商的利益。“云农场”除利用经销授权吸引零售商加盟外，还提供技术、物流、金融等捆绑服务，提升加盟的附加值。

（3）线上线下各行其道　这是一种过渡期的权宜之策，为了避免线上渠道与线下渠道冲突，采取互不干扰的推进策略，即传统渠道仍然经销传统农资产品，电子商务渠道则经销新品类。在这个过程中，逐步对传统经销渠道进行优化，淘汰销售较差且缺乏新农资观念的网点，最终建立完善的电子商务经销体系。“农商一号”和“农一网”均采取线上线下不同款的形式，对包装和规格进行重置，引导线下经销商加盟电子商务渠道。

2. 互联网企业农资电子商务模式

（1）第三方电子商务综合平台　京东、阿里巴巴等第三方电子商务平台商纷纷涉足农资市场，但由于农资交易及其售后服务具有较强的专业性，目前他们的农资电子商务交易并未做出显著特色。

（2）B2C垂直电子商务平台　主要面向种植大户，即大田作物为100亩以上、经作区为50亩以上的农户，提供网上采购服务。“大丰收”是B2C农资电子商务的典型代表，其业务模式是整合农资厂家和经销商入驻平台，再将线下网点转化为服务站，实现农资直销直配到种植大户。对于农资厂家而言缩短了流通环节，对经销商而言则增加了新的渠道，垂直平台通过抽取交易佣金盈利。“大丰收”还在江西地区启动金融服务，以满足农资赊销需求，并积极实施农产品跨境电子商务服务。

（3）B2B 垂直电子商务平台　“丰收侠”和“七公里”代表 B2B 垂直农资电子商务模式，他们通过提供 SaaS 软件切入农资零售商，集合下游订单与厂家订货寻求低价，赚取其中差价。基本流程是：集合零售商订单—“丰收侠”“七公里”平台—向厂家购货—配送至平台仓库—分货给零售商。通过 SaaS 服务还可以提供大数据支持，向厂家和用户收取一定的服务费。“丰收侠”还被用于在农资零售商之间进行串货。

除以上典型模式之外，还有如“农医生”“农管家”等以植保技术切入的农资电子商务平台。

三、农资电子商务发展困境

如前所述，2016 年国内农资电子商务发展步伐放缓，进入冷静的调整期。这种困境主要源于农资行业多年的积弊，需要认真梳理，以利于运用电子商务加以创新突破。

1. 渠道臃肿、毛利低

基于我国农业“小、散、弱”的现状，农资流通渠道也臃肿不堪。农资产品从企业到农户手中，需要经过多层流通环节——区域、市级、县级、乡镇级代理商、村里零售店等。流通环节层层加价，农户成为最终高价的承受者。臃肿的农资渠道层层瓜分毛利，无论厂家还是经销商都费力而薄利，缺乏市场活力。

2. 赊销、低价恶循环

传统农资企业缺乏投入市场调查和研究，导致生产与农户诉求中断，企业规模化发展具有很大的盲目性和短视性。为了争夺市场份额，企业纷纷展开价格战，导致恶性竞争，农资产品利润率压低至冰点。不仅如此，价格战还带来行业性顽疾——赊销。为了争夺客户，在经销商、零售商环节出现层层赊销现象，零售商最后也不得不赊销给农户。价格低、赊销严重，使整个行业失去创新发展动力。

3. 同质化与产能过剩

农资行业存在结构性产能过剩，大部分企业对技术含量高、质量要求高的产品缺乏投入和研发，因此长期停留在低端产品的生产上，造成高、中、低端产品结构上的严重失衡。大量靠低端农化产品生存的传统农资企业急需转型升级，否则面临淘汰出局。

四、农资电子商务发展途径

根据熟悉农资行业的人士分析，农资电子商务应当注意解决以下几方面问题，才可能行之有效。

1. 认知农资产品特殊性

农资产品几乎都是特殊性产品，必须拥有危化品经营许可证，其中农药、种子、化肥都很容易引起生命安全及作物危害，需要专业化的防范、管理和指导。电子商务企业涉足农资产品领域，必须依靠专业人员或企业合作共事。

2. 找准市场目标客户

农资产品客户大致分成两类：一类是各个村的农资加盟连锁店；另一类是种粮大户和村级专业合作社。对农资产品有需求的散户购买量通常较少，零散购买农资产品的个体一般集中在村级农资店，城里的散户几乎仅购买种养花卉所用的少量农资物品。电子商务企业经营农资产品，需要对不同的客户群体采取不同的推广方式，例如对于各地大型农资批发商采用 B2B 模式进行推广，在此基础上嫁接 B2C 模式满足零散客户的需要，农资物流配送渠道得到优化复用，降低综合物流成本。

3. 普及电子商务应用

农资行业的经销人员，由于长期受行业故步自封的影响，习惯于墨守成规，资深人员因占据稳定的市场渠道而缺乏进取动机。从业人员一方面 “中老年化”趋势严重，另一方面文化程度偏低，惰性强、接受新事物较慢。电子商务企业与他们进行合作时，要对农资行业各级经销人员进行电子商务应用方面的知识技能培训，让他们尽快适应电子商务整合传统农资市场的要求。

4. 改进物流配送模式

农资货物一般采用中大型货车（5~6 吨）运输配送，当客户订单量拼齐整车后再发车，灵活性和及时性较差。农资电子商务将面临大客户和零散客户的各种需求，在保证安全配送的前提下，要做到既降低物流成本，又缩短配送时间，满足各种用户的及时性要求。

5. 保证售后专业服务

这是农资服务最关键的环节之一。农资企业销售农资产品类似医院开出处方药，病人不能自行处置，只能医生亲自处置或在医生指导下进行处置，才能保证安全。农资产品售后服务，如果没有农业部门和技术人员的指导和监督，很难深入农村市场。因此，电子商务企业必须与农资公司、当地农业局、供销社等建立战略合作关系，依靠他们的专业技术力量保障售后服务，积极考虑把这些服务资源纳入农资电子商务联盟系统。

6. 依托基层农资监管

农资产品还要接受农业执法大队等基层监管部门的抽检，对于不合格的农资产品，这些监管部门要行使处罚权力。农资电子商务同样要考虑如何依托基层监管部门，为网上销售的农资产品进行背书，有效避免出售假货，保证产品质量和信誉。

第七章
电子商务精准扶贫

导读

2016 年 9 月 25~26 日由国务院扶贫办主办的“全国电子商务精准扶贫现场会”在甘肃省陇南市成县召开，陇南因此成为全国首个电子商务扶贫试点市。2015 年年初，陇南市正式启动电子商务扶贫试点工作，探索形成“一店带多户”“一店带一村”“一店带多村”的精准带贫机制，得到李克强总理的肯定。李克强总理批示：“电商扶贫潜力大，要总结经验，请商务部予以支持”。由此，翻开电子商务精准扶贫工作新的一页。

2019 中国电子商务大会电商扶贫论坛于 5 月 30 日在北京国家会议中心举行。会上，商务部市场建设司副司长胡剑萍宣布：商务部会同财政部、国务院扶贫办等部门，以电子商务进农村综合示范和中国电商扶贫联盟等工作为主要抓手，深入实施电商扶贫，地方、企业和社会各界踊跃参与、积极探索，取得显著成效。截至 2019 年 5 月，电子商务进农村综合示范已支持贫困县建设电商公共服务中心和物流配送中心近 1 000 个，乡村电商服务站点 6 万多个，初步建立起“两中心一站点”的农村电商公共服务体系，电子商务进农村综合示范已服务贫困人口 1 000 多万人次，带动 300 多万贫困人口实现增收。

知识架构

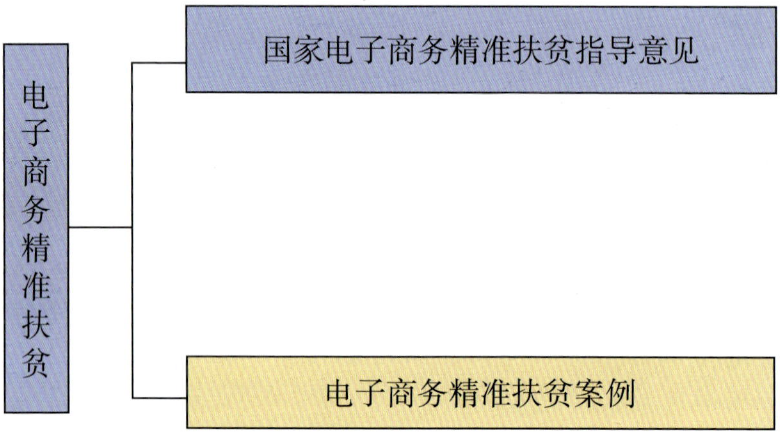

第一节　国家电子商务精准扶贫指导意见

2016年11月，国务院扶贫开发领导小组办公室等16个部委联合出台《关于促进电商精准扶贫的指导意见》，将电子商务精准扶贫工作进一步规范化、系统化和具体化。

一、电子商务精准扶贫指导思想

全面贯彻落实党的十八大和十八届三中、四中、五中全会精神，以习近平总书记扶贫开发战略思想为指导，坚持精准扶贫、精准脱贫基本方略，以贫困县、贫困村和建档立卡贫困户为重点，在当地政府的推动下，引导和鼓励第三方电商企业建立电商服务平台，注重农产品上行，促进商品流通，不断提升贫困人口利用电商创业、就业能力，拓宽贫困地区特色优质农副产品销售渠道和贫困人口增收脱贫渠道，让互联网发展成果惠及更多的贫困地区和贫困人口。

解读

要实现对全部贫困户建立精准档案卡，这是电子商务精准扶贫不可缺少的基础性工作，也是电子商务平台服务容易实现的功能。引进或自建电子商务平台时，无论是外来电子商务企业还是本地的，均应当首先帮助贫困地区对该区域的全部贫困户建立档案数据库，并对贫困户本人、当地政府和其他电子商务企业开放共享，让社会各界清楚扶贫对象的状况及特点，便于大家从各个角度以最有效的方式实施精准扶贫。

二、电子商务精准扶贫总体目标

加快实施电商精准扶贫工程，逐步实现对有条件贫困地区的三重全覆盖：一是对有条件的贫困县实现电子商务进农村综合示范全覆盖；二是对有条件发展电子商务的贫困村实现电商扶贫全覆盖；三是第三方电商平台对有条件的贫困县实现电商扶贫全覆盖。贫困县形成较为完善的电商扶贫行政推进、公共服务、配套政策、网货供应、物流配送、质量标准、产品溯源、人才培养等体系。到2020年在贫困村建设电商扶贫站点6万个以上，占全国贫困村50%左右；扶持电商扶贫示范网店4万家以上；贫困县农村电商年销售额比2016年翻两番以上。

解读

将电子商务精准扶贫工程分为3个层次。首先，让有条件的贫困县全部进入电子商务进农村综合示范行列，这是初级层次，以引导网络消费为主，而网络销售为辅。其次，让已经实施电子商务进农村综合示范的贫困县全面进入电子商务精准扶贫阶段，这是中级层次，以农产品或引入新兴产业产品的电子商务交易为主，实现农户普遍增收。再次，让已经全面实施电子商务精准扶贫的贫困县向更高层级迈进，力争建立拥有自主产权的第三方电子商务平台，能够整合基层乡村电子商务资源，覆盖周边更大范围的贫困地区，带动他们同步发展。发展到最高层级的贫困县必定是新的脱贫县，他们将拥有电子商务扶贫的公共服务、配套政策、网货供应、物流配送、质量标准、产品溯源、人才培养等健全体系，具有区域性电子商务服务中心的功能。只有当这3个层级的电子商务精准扶贫工作协同推进，才能保证2020年全国电子商务精准扶贫的艰巨目标得以实现。

三、电子商务精准扶贫基本原则

1.政府引导，市场主导

坚持政府引导、扶持不干预、服务不包揽，充分发挥市场在农村电商资源配置中的决定性作用，培育发展贫困地区电商产业，带动贫困人口就业增收脱贫。

2.多元平台，突出特色

选择国内较为成熟的第三方电商服务平台开展合作，结合不同电商企业发展方向和贫困地区实际情况，注重农副产品上行，突出特色、因地制宜，搭建贫困地区产品和电商平台间的桥梁。

3.先易后难，循序渐进

对具有一定资源优势、产业和电商基础好、工作积极性较高的贫困县，可首先列入电商扶贫示范，边探索、边总结、边推广。

4.社会参与，上下联动

整合各类扶贫资源，鼓励引导市场化电子商务平台和电子商务服务商等广泛参与，充分调动贫困群众利用电子商务、参与电子商务产业链的主动性、积极性。

5.鼓励创新，典型引路

坚持以基层实践推动政策体系创新，及时发现和总结电商在推动精准扶贫、精准脱贫方面的典型模式，总结推广一批可学习、可操作、可复制、可推广的经验。

解读

“政府引导，市场主导”是各地发展市场化产业的一贯政策，不可颠倒，以电子商务产业扶贫仍然必须坚持这个原则。“多元平台，突出特色”强调充分利用各种类型的电子商务平台，因地制宜地发展乡村电子商务，淘宝、京东、苏宁、邮政、供销以及本地相关行业的电子商务平台都可以博采众长，还包括对平台的市场、资源、技术、人才等综合利用，不拘泥于一种产品、一种模式、一种流程或一种“套路”，只要有自己的特色就应该给予大力支持。“先易后难，循序渐进”要求各地电子商务精准扶贫工作从容易的开始入手，量力而行，不急于求成，从初级层次向中高级层次有计划地稳步推进。“社会参与，上下联动”说明电子商务精准扶贫工作不是靠政府或企业单方面能够完成的，需要调动社会各界广泛参与，遵循“政、产、学、研、用”五力协同的县域电子商务发展规律，统一领导、有机组织、各界协同，营造乡村电子商务服务大环境，这样才能使电子商务精准扶贫持续、深入。“鼓励创新，典型引路”凸显电子商务精准扶贫是一件全新的事物，没有成熟经验可以借鉴，必须像过去推行扶贫工作一样不断创新体制与机制、探索开发新领域、开拓开发新模式和采用科学有效方法，在“陇南模式”及许多先进地区乡村电子商务模式的示范引领下，各地找到切实可行的、有特色的扶贫新路径。

四、电子商务精准扶贫主要任务

1. 加快改善贫困地区电商基础设施

深入推进电子商务进农村综合示范，重点向国家级贫困县倾斜。扎实推进贫困地区道路、互联网、电力、物流等基础设施建设，改善贫困地区电商发展基本条件。到2020年，宽带网络覆盖90%以上的贫困村，80%以上的贫困村有信息服务站。加强交通运输、商贸、农业、供销、邮政等农村物流基础设施共享衔接，推进县、乡、村三级农村物流配送网络建设，加快贫困地区县城老旧公路客运站改造，推动有条件的贫困村客运场站信息化建设，提升电商小件快运服务能力。推进电信普遍服务试点工作，大力实施信息进村入户工程。

解读

乡村电子商务基础设施建设包括宽带网、移动网、电商园、物流园、县乡村公路、村级服务站点建设，以及零售商贸网点、农贸市场等的改造。特别是宽带网的覆盖率应当加强监管落实，避免像一些农村地区出现名义上的全覆盖，实际则临到村民要开展电子商务推广时才发现网络没有布设到位。

2. 促进贫困地区特色产业发展

结合贫困村、建档立卡贫困户脱贫规划，确立特色产业和主导产品，推动“名特优新”“三品一标”“一村一品”农产品和休闲农业上网营销。制定适应电子商务的农产品质量、分等分级、产品包装、业务规范等标准，推进扶贫产业标准化、规模化、品牌化。扶持一批辐射带动能力强的新型农业经营主体，培育一批乡村电子商务示范县、示范企业和示范合作社。对农产品质量安全检验检测、产地认证、质量追溯、田头集货、产地预冷、冷藏保鲜、分级包装、冷链物流设施等方面给予支持。

解读

电子商务精准扶贫包含扶贫和电子商务两个要素，扶贫与电子商务的连接点在“建档立卡”上。通过“建档立卡”，政府、企业及社会各界能够把握贫困户的数量、特征、状况等情况，便于有针对性地引入电子商务服务或应用，帮助贫困户尽快脱贫致富。一旦找准相应的电子商务服务或应用，后续的工作实质则是如何在贫困地区发展电子商务产业，这与前面所述的产业规模化、标准化、品牌化、质量追溯、创意产品、包装设计、物流配送等环节的建设和要求是相同的。

3. 加大贫困地区电商人才培训

以精准扶贫为目标，针对建档立卡贫困户、电商创业脱贫带头人、农村青年致富带头人、村级信息员和残疾人专职委员等，制订电商培训计划。整合各类培训资源开展电商扶贫培训，到2020年完成1 000万人次以上电商知识和技能培训，培养100万名以上农村青年电商高端人才，实现每个贫困村至少有1名电商扶贫高级人才，形成一支懂信息技术、会电商经营、能带动脱贫的本土电商扶贫队伍。建立贫困学员档案，跟踪贫困人口电商就业创业进展和需求，及时对接后续服务。

解读

在“建档立卡”的基础上，对贫困户、电商创业带头人、青年致富带头人、村级信息员和残疾人专职委员开展不同的电子商务培训服务，应当按照“乡村电子商务人才培养”一节中的第二类（创业青年大学生及个体农户）和第五类（农村网络消费者）对象分别制订相应的培养计划。

4. 鼓励建档立卡贫困户依托电商就业创业

为符合条件的贫困地区高校毕业生、返乡创业农民工和网络商户等发展电子商务提供创业担保贷款，支持贫困村青年、妇女、残疾人依托电子商务就业创业。实施农村青年电商培育工程，支持和指导返乡大学生、青年农民工、大学生村官和农村青年致富带头人通过电商创业就业。结合“巾帼脱贫行动”，扶持贫困妇女参加电商培训，挖掘自身特长，灵活就业创业。发展适合贫困残疾人的电商产业，扶持一批电商助残基地，实施电商助残扶贫行动。组织开展返乡创业试点，积极调动市场资源对接贫困试点地区。

解读

组织返乡大学生、农民工及农村青年成立“电子商务扶贫志愿者”队伍，政府配套相应支持政策，鼓励他们深入村寨开展电子商务服务，充实村级电子商务站点人员，帮助农户网上消费，开发农特产品网货品类，承担品质检测、分级包装、网上推广、物流配送等工作，成为电子商务精准扶贫的生力军。

5. 支持电商扶贫服务体系建设

动员有志于扶贫事业的电商企业，搭建贫困地区产品销售网络平台和电商服务平台。支持银行业金融机构和非银行支付机构研发满足贫困地区电子商务发展需求的网上支付、手机支付等产品，加快贫困村村级电商服务点、助农取款服务点建设。鼓励贫困县成立电商扶贫协会等社会组织，为农村群众特别是贫困户提供产品集货、分级包装、品牌营销、物流配送、售后保障等服务，提高应对市场的能力；完善中国邮政县乡仓储中心布局；鼓励支持跨境电商发展。

解读

电子商务扶贫服务体系与前面所述乡村电子商务服务体系本质上是相同的，前者多一个扶贫“建档立卡”的基础环节。在严厉打击农村非法集资和金融诈骗的背景下，谨慎推进互联网金融、移动金融在农村的发展。同时，按照2017年中央一号文件精神，支持金融机构增加县域网点，规范发展农村资金互助组织，深化农业银行三农金融事业部改革，鼓励金融机构积极利用互联网技术，为农业经营主体提供小额存贷款、支付结算和保险等金融服务，确保“三农”贷款投放持续增长。对于贫困地区的电子商务精准扶贫，应当积极利用国家的金融倾斜政策，保证电子商务扶贫的金融支持健康运行。

6. 推进电商扶贫示范网店建设

加快贫困村电商扶贫村级站点建设，重点打造4万家电商扶贫示范网店，通过贫困农户创业型、能人大户引领型、龙头企业带动型、乡村干部服务型等多种建设模式，完善电商扶贫示范网店与建档立卡贫困户利益联结机制，以保护价优先收购、销售贫困户农特产品，并义务为建档立卡贫困户提供代购生产生活资料、代办缴费购票等业务，形成“一店带多户”“一店带一村”的网店带贫模式。中国邮政计划到2020年建成50万个邮乐购站点，实现自有网点对贫困县全覆盖、对有条件的贫困村全覆盖。

解读

电子商务扶贫村级站点与前面所述村级电子商务服务站点本质上是相同的，只是贫困地区目前更缺乏这些设施而已。邮政、供销和农资公司在这方面相对健全一些，要鼓励他们为电子商务精准扶贫铺设更宽的通道。

7. 整合资源，对基层传统网点实施信息化改造升级

加快全国信息进村入户村级信息服务站建设，支持贫困地区“万村千乡”农家店、邮政、供销合作社、快递网点、村邮站和村级综合服务中心（社）信息化改造，拓展经营服务内容，在提供便民超市、农资代销等传统服务的基础上，增加网上代购代售新型服务功能。

解读

不要忽略农村零售及连锁商业网点的改造提升，一旦嫁接电子商务服务功能之后，这些网点的业务得到增加，有利于他们适应互联网时代的长久发展，也为电子商务渗透到贫困地区提供便捷的渠道，减少重复建设电子商务服务站点和物流配送设施的投入，加快电子商务精准扶贫工作的推进步伐。目前，农村零售及连锁商业网点普遍面临对信息化监控与数据分析系统的升级需要，在此基础上

同步扩展电子商务体验、仓储及配送能力，应当在电子商务精准扶贫工作中加以专项支持。

8. 加强东西部电商扶贫产业对接协作

充分利用东西部扶贫协作工作平台，深化东西部电商产业交流合作。东部省市帮助扶贫协作省份贫困地区建设一批扶贫产业基地，培育一批扶贫龙头企业和合作社，引进一批有扶贫意愿的优质电商企业，组织一批贫困人口通过参与电商扶贫产业链环节增收。贫困地区要充分利用本地劳动力、土地、资源等优势，主动配合做好电商扶贫产业对接协作，承接东部发达地区电商产业转移，支持建立东西部电商扶贫产业对接协作联盟。

解读

在“一带一路”战略引导下，东部电子商务企业势必把扩展方向延伸到西部，抢占通往北欧、东南亚及非洲的市场要冲，整合西部的资源型产品，全力打造跨境电子商务。西部农村的特色农产品极其丰富，产区规模空间巨大，因受困于物流而不得出道，这是东部电子商务企业进军西部必须跨越的首要障碍，需要与西部政府和企业携手打通大宗农产品的出路。对于贫困地区，东部电子商务企业更有能力和义务推动西部电子商务精准扶贫，换取西部特色产业大幅度提升的硕果，为“一带一路”跨境电子商务夯实线下的产业基础。

9. 动员社会各界开展消费扶贫活动

以每年扶贫日为时间节点，组织有关电商企业和网络平台，共同举办“邀您一起来网购”等消费扶贫体验活动，集中购买贫困地区土特产品，培育全社会消费扶贫意识，逐步形成电商扶贫的品牌产品、品牌企业。加强贫困地区优质特色农产品、民族手工艺品、休闲农业的宣传推介，鼓励支持电商平台常年开展富有特色的网购活动，共同营造消费扶贫的良好氛围。

解读

以国务院扶贫办牵头，主办各种大型电子商务扶贫推广活动，为乡村电子商务发展注入新活力。这与商务部“电子商务进农村示范县工程”、农业部“农产品品牌推进工程”、发改委与国开行“开发性金融支持特色小（城）镇建设脱贫攻坚战略部署”和各部委联合推进“‘互联网＋’现代农业三年行动计划”等全国性乡村电子商务相关重大计划交相辉映，从扶贫的新视角切入乡村电子商务建设，其工作触角直探农村最底层，涉足解决最困难的问题，对乡村电子商务发展将产生根本性的影响。只要贫困地区的电子商务得到明显改善，其他农村地区电子商务将得到更快的提升，全国农业产区在电子商务覆盖下，实现全国农业“一盘棋”的市场共享、产量互补、统筹布局、风险分担、标准一致、追溯同步和物流协同，将指日可待。

五、电子商务精准扶贫保障措施

1. 加强组织领导

成立电子商务精准扶贫联络工作小组，下设办公室，负责推进电商精准扶贫具体工作。各省要根据脱贫攻坚整体规划和乡村电子商务发展实际，切实加强组织领导，分解任务、细化措施、精心组织，指导督促市县抓好落实，努力提高电商精准扶贫成效。

2. 加大扶持力度

贫困县政府可根据当地脱贫攻坚实际，统筹使用各渠道资金支持电商精准扶贫工作，采取以奖代补、政府购买服务等方式，扶持贫困村电商服务站点建设、电商扶贫示范网店建设、特色产业基地建设、电商扶贫人才培养、乡村物流配送体系、仓储配送中心建设、宣传推广等。探索实施土地、科技园区等优惠政策，落实税收相关优惠政策。发挥支农再贷款、扶贫再贷款、再贴现等多种货币政策工具的作用，引导银行业金融机构加大对电商扶贫企业和建档立卡贫困户的信贷投入。各金融机构要推进落实扶贫小额信贷、创业担保贷款、康复扶贫贷款等政策和产品，提高各项贷款产品的覆盖面。

3. 强化社会扶贫合力

商务、农业、邮政、供销等各部门资源重点向电商扶贫示范试点地区倾斜。充分利用各大电商企业“电商下乡”渠道下沉的时机，引导和推动他们在贫困村布局网点。贫困地区要整合各级帮扶力量，充分发挥东西部扶贫协作、定点扶贫等挂职干部和第一书记、驻村工作队、大学生村官等人才作用，把电商扶贫工作作为重要职责和绩效考核的重要内容。

4. 营造良好氛围

充分利用报纸、电视、广播和网络等各种媒体，特别是微博、微信等新媒体，加大对电商扶贫工程的宣传力度，营造电商扶贫的浓厚舆论氛围。及时总结和宣传推广电商扶贫工作中涌现出来的好经验、好典型、好做法，适时召开电商扶贫工程现场会，定期举办电商扶贫论坛，对表现突出的电商扶贫企业和个人推荐到全国层面表彰。

解读

保障措施凸显国家各个部门、社会各界广泛参与电子商务精准扶贫工程，建设范围涉及乡村电子商务的方方面面，支持力度与脱贫攻坚挂钩，准许金融机构对扶贫工作放宽限制，等等。各地县域地区务必抓住电子商务精准扶贫的有利时机，完善并强化乡村电子商务基础设施、运行环境和引培人才的全面建设。

电子商务精准扶贫场景见图 7–1、图 7–2。

图 7–1　电子商务精准扶贫供货区

图 7–2　电子商务精准扶贫体验区

第二节　电子商务精准扶贫案例

一、陇南市电子商务扶贫新景况

1．“陇南模式”受到各级政府认同

2016 年 12 月，甘肃省人民政府办公厅对陇南市电子商务扶贫工作予以通报表扬，号召各地各部门认真学习和借鉴陇南市“电商扶贫”经验，加大全省电子商务扶贫力度，主动破解“电商扶贫”工作中遇到的难题，着力推进“电商扶贫”取得更大成效。“通报”

充分肯定近年来陇南市“电商扶贫”成绩：立足实际，抢抓“互联网 +”发展机遇，把发展电子商务作为助农增收的主渠道和突破口，着力破解干部群众思想观念落后、贫困乡村基础设施滞后、电商人才短缺、产业发展薄弱“四大难题”，紧盯贫困村和建档立卡贫困户，通过网店带动、电商产业带动、电商创业带动、电商就业带动和电商入股带动五种模式，探索出贫困地区发展电子商务的“陇南模式”，在解决农产品卖难、增加群众收入、助推精准扶贫等方面取得明显成效。

2. 政府主导电子商务扶贫工作

2013 年，时任陇南市成县县委书记的李祥通过微博在网上销售当地的核桃，被誉为“核桃书记”。当地政府开始意识到，要如期完成全面脱贫攻坚任务，传统单一的种植业、养殖业有很大局限，必须扬长避短，因地制宜，找新路子。通过电子商务，将深山里的“宝”销售到海内外，把资源优势转变为经济优势，成为当地政府的一项新探索。

自 2013 年以来，陇南市将 90% 以上的财政扶贫资金和 80% 以上的涉农资金，用以解决基础设施“短板”。截至 2016 年年底，硬化通村公路 1 万千米，实现全市城区和乡镇 4G 网络全覆盖，行政村网络覆盖率达到 70% 以上。整合发展各类物流企业 200 多家、快递服务站 800 家、村邮站 1 200 多个，基本建成 “县区有物流园、乡镇有快递服务站、村有代办点”的物流快递服务体系。

通过组织驻村工作队、包村干部、大学生村官等进村入户，帮助村民“学电商” “开电商” “用电商”，网络销售农副产品。围绕电子商务产业建设，完善生产、加工、包装、物流、营销产业链，吸纳建档立卡贫困户农民就业，增加工资性收入。截至 2016 年年底，陇南依托电子商务产业链，提供就业岗位5.7万多个，吸纳贫困人口1.4万多人就业。在电子商务人才培养方面，筹建了西北首家电子商务职业学院，同时，依托电子商务培训机构以及电子商务龙头企业，累计培训13万人次，使陇南市的大学生村官、城市务工返乡青年、未就业大学生和农村致富带头人等都参与到乡村电子商务发展中，保障电子商务人才队伍建设。

3. 陇南电子商务扶贫成果累累

2015年，陇南市获得国务院扶贫办授予的电子商务精准扶贫试点市荣誉，同时获得“2015中国消除贫困创新奖”。截至2016年年底，陇南市的网店数量近1万家，累计销售45亿元，其中电子商务扶贫试点贫困村开办网店800多家，销售总额达到3.2亿元，带动贫困群众15万余人增收致富。见图7-3。

图7-3 陇南市武都区一家电子商务交易运营中心业务员核实交易订单

二、京东集团电子商务扶贫项目

1. 京东电子商务扶贫项目获奖

2016年12月7日，由人民网新媒体智库与北京师范大学社会治理与公共传播研究中心联合主办的“电商精准扶贫2016年度论坛”在北京举行。国务院扶贫开发领导小组办公室、中国扶贫开发协会、中国社会科学院信息化研究中心、中国人民大学公共政策研究院、共青团陕西省委农工部、京东集团的领导和专家，与参会的社会各界近百位政商学界人士一道，围绕电子商务精准扶贫问题展开研讨，同时发布《电商精准扶贫报告（2016）》和评选出“电商精准扶贫十佳创新案例（2016）”。京东集团的“京农贷”和“京东扶贫跑步鸡”双双入选电子商务精准扶贫十佳案例，另外3个入选案例也都与京东扶贫密不可分，即“红心猕猴桃成苍溪农家‘脱贫致富果’”“丹寨人卖鸟笼酸笋人均收入过万”“青海乌兰县‘茶卡羊’养殖助牧民实现稳定脱贫”。可见，京东秉承“‘扶’字当先、立足‘精准’和加速农业产业化进程”三大原则，在电子商务精准扶贫方面成果显著，代表当前电子商务精准扶贫的主流模式。

2. “京东扶贫跑步鸡”项目

“京东扶贫跑步鸡”项目体现京东“扶”字当先的理念。具体做法：在当地建立跑步鸡乐园，为每个贫困家庭发放鸡苗和粮食饲料，全程进行养殖技术培训和指导。散养半年后，由京东生鲜部对“跑步鸡”进行标准化筛选，借助京东平台的优势，直接把控收购、销售、配送到家的所有环节。2016年“双11”前夕，首批扶贫“跑步鸡”正式上线售卖，近百名贫困户获得收益，每个贫困户平均增收3 000元。

3. “京农贷”项目

“京农贷”是京东金融部在农村金融方面的创新服务，充分发挥京东金融系统在大数据风控与渠道方面的优势。“京农贷”与农村众筹、乡村白条、农村理财等构成农村金融多元化服务产品线，破解农村金融服务的痛点，有利于加速建设和优化农村经济生态。在农产品上行中，“京农贷”以无抵押、低利息、放贷快等特点，解决农户在农资采购、农业生产以及农产品加工销售环节中的融资难题，服务范围覆盖黑龙江、新疆、内蒙古、河南、河北、山东、山西、海南、四川、重庆、天津、湖北、湖南等地。

4. 京东勇担电子商务扶贫使命

在 2016 年年初，京东集团与国家扶贫办签订《电商精准扶贫战略合作框架协议》，并积极从产业扶贫、招工扶贫、创业扶贫、金融扶贫 4 个维度实施电子商务精准扶贫。京东与国务院扶贫办共同选定 200 个国家级贫困县作为电子商务精准扶贫试点县，再将 128 个国定贫困县纳入扶贫范围，实现多维度、多渠道带动贫困人群脱贫致富。

京东的电子商务扶贫“三原则”，又称“三大任务”：一是“扶”字当先，当贫困户提升了技能、得到了实实在在的收入，他们的市场意识也会提升，会主动去和电子商务企业配合，尝试更多的产品和渠道；二是立足“精准”，京东通过“产地直采 + 自营”模式，实现特定消费人群的市场精准投放，并依托京东的信誉为农产品背书，带动近万户农民增收；三是加速农业产业化进程，培育一批管理先进、标准严格、成长性强的现代化农业龙头企业，保障扶贫成果可持续，直到脱贫走上致富之路。

京东集团勇担电子商务扶贫使命，体现其一贯所具有的强烈社会责任感。按照京东集团高级副总裁熊青云说：“进入全球财富 500 强不仅仅意味着成绩和机遇，更重要的是承担责任，特别要承担大企业的社会责任，对于京东来说，如何使商业模式更加开放包容，发展方式更加可持续，更好地承担对员工、对消费者、对供应商、对贫困人口和环境的社会责任等，都是需要我们在发展中不断思考和解决的课题。”京东将继续发扬实干精神，承担更多社会责任，开放更多电子商务资源注入贫困地区，建立“电商与龙头企业”“电商与农民”的新型合作关系，鼎力支撑国家脱贫攻坚战略，见图 7–4。

图 7–4 京东精准扶贫项目在“电商精准扶贫 2016 年度论坛”获奖

三、浙江龙游县电子商务扶贫

1. 转型触网，后发赶超

在浙江省内，龙游县电子商务工作启动较晚，而后发赶超势头不减。2013 年，龙游县在衢州市率先与阿里巴巴展开战略合作，开设淘宝“龙游馆”，到 2016 年年初平台入驻网店 130 余家，2015 年累计实现本地特色农产品和工业品销售额 1.6 亿元。

2015 年，龙游县从“互联网 + 县域”重新谋划电子商务产业发展新格局，以农村淘宝、产业平台、在线行业带、电商扶贫、“互联网 + 城市服务”、“规划编制”等六大项目为抓手，进一步搭建起以 1 个电子商务城为中心，多个 O2O、B2B、B2C、垂直专业平台，以及多个电子商务应用集聚点为支撑的“1+X”发展模式，实现电子商务工作跨越式发展，成功跻身电子商务百强县。

2015年年初，龙游县多次对接阿里巴巴农村淘宝项目相关负责人，并邀请他们实地考察，双方就项目选址、办公区装修及基础设施改造、维修、广告、宣传、首批村级服务站及电商人才培训等工作交换意见。2015年4月，双方签订在灵江园区建设阿里巴巴乡村电子商务县级服务中心的合作协议。之后，服务中心很快建设完工，面积3 000多平方米，包括产品展示区、物流区、洽谈区和办公区等多个功能分区，并于2015年8月正式投运，同时配套建成80个村级服务中心（站）。

龙游县先后出台《龙游县加快电子商务发展的实施意见》《龙游县电子商务进万村工程实施方案》《农村淘宝项目三年行动方案》《龙游县工业电子商务特色产业带建设若干意见（试行）》《龙游县“一村一品”电子商务示范县建设实施方案》和《龙游县部门和乡镇（街道）电子商务考核办法》等系列文件，奖励扶持资金从每年800万元调整至1 000万元，还专门成立专职电子商务办公室。

2. 电商切入，精准扶贫

在电子商务发展中，龙游县注重通过电子商务帮助贫困户，改变贫困户的生活和增收状况。2015年，龙游县在浙江省率先出台《龙游县电子商务扶贫实施意见》，县财政每年安排不少于2 000万元资金，以141个低收入农户集中村为重点区域，通过创业激励、基地培育、平台建设、能人帮带、物流覆盖、人才培训和股份合作等，全方位开展电子商务扶贫，助力消除家庭人均年收入4 600元以下困难群众，为他们开设网店，并让他们享受免费培训、扶贫贴息、小额信贷、网店装修、物流保障等各方面的政策优惠，全县328名低收入农户通过培训开设网店。

龙游县实施电子商务能人带贫计划，引导“电商能人”结对低收入农户，在用工、培训、代购、代销等方面给予帮扶。2015年，淘宝“龙游馆”结对龙洲街道渡贤头村40多户低收入农户，开创订单农业模式，由农户种植迷你小甘薯，网售1.4万多千克，亩均增收4 000多元。通过云计算和大数据分析，龙游馆计划将种植面积扩大到1 000亩。青年党员自发成立“农村淘宝”党员自愿服务站，一边帮村民代购商品，一边替村民网销土特产品。

塔石镇下张坞村61岁的胡寿发家境贫困，在“电商能人”的帮扶下，设点吸收60多名困难群众做来料加工，每年发放加工费100多万元，人均增收1.6万元。詹家镇芝溪家园7个移民村“抱团发展”，共同出资100万元，争取各类资金900多万元，建设来料加工创业园、电子商务创业园发展物业经济，村集体和村民收入迅速增加。沐尘畲族乡社里村的贫困户蓝菊梅，通过“农村淘宝”服务站，将吃不完的大米、笋干远销外地，不仅售出价格高，而且免去以往卖土货长距离奔波的辛劳。

第八章

乡村电子商务误区与出路

导读

2015 年 5 月，中国乡建院院长李昌平的文章《该给农村电商大跃进运动泼点冷水》，阐明了当前乡村电子商务种种弊端。他指出，珠海人通过建立村社内置金融组织和联合组织，基于土地承包权、财产权和集体成员权等，首先活跃村社内部金融服务，然后依托内部金融服务的支撑，统一协调并统筹建设包括物流配送、产业整合、品牌建设、质量监管、数据服务、经营体制、定价机制、环境治理及公共服务在内的一体化公共体系，让农村具有内生“造血”和“发电”功能，这些村社内置公共体系可以成为对接城市服务体系的“接口”或“转换器”。只有当这些基础条件具备之后，乡村电子商务才能因需而生、因地制宜、因市而兴。此文启示我们，在积极推进乡村电子商务的同时，必须面临发展中的现实问题、潜在问题和隐含的风险，找到解决的路径和防范的措施。

知识架构

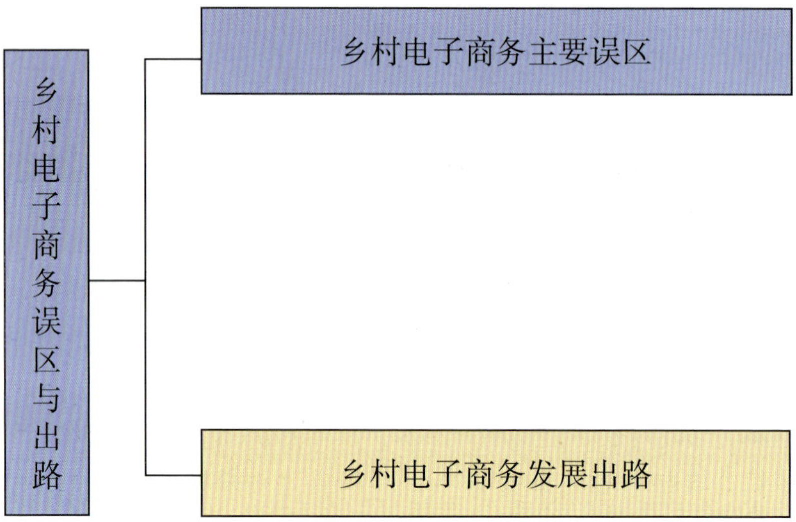

第一节　乡村电子商务主要误区

一、认识误区

误 区

共青团陕西省委农村青年工作部部长、乡村电子商务问题研究专家魏延安表示，目前乡村电子商务最大的问题在于认识上的缺陷，主要是县域层面的领导对乡村电子商务认识不够清晰，包括“什么是电子商务”“县域电子商务（乡村电子商务）是什么”“乡村电子商务抓什么”等问题亟待认识清楚，否则难以形成从领导到基层的统一规划、统一协调和统一实施的推进机制。

解 惑

乡村电子商务是一个系统工程，涉及网络、金融、物流、包装、营销、道路、公共服务等领域资源调配和设施建设，也是一个开放合作的社会工程，需要本地电子商务企业与传统企业紧密融合，更需要引进外来电子商务企业传播平台资源和运作经验，必须整体联动、政企结合、全民参与，才能有效推进、事半功倍。如果没有各级政府全力配合，乡村电子商务就只能停留在农户网上消费、企业网上销售和网商网上开店的局部应用上，不能成为提振县域经济、推动区域经济结构转型的重要引擎。

二、网店误区

误 区

不少地方只是简单把货放在网上，便认为“野鸡”也可以变成“凤凰”，而对农产品的季节性、货源、物流成本等问题考虑不足，让部分农村网店面临“有店无货”的尴尬局面。还有个别地方基层干部甚至将发展几个乡村电子商务门面作为政绩工程，对后续发展不管不问。一些地区鼓励个人和企业在知名电子商务平台上开设 10~20 个网店，认为这就大力推进了县域电子商务或乡村电子商务。

解惑

实践表明，县域电子商务要取得更大成效，不是十几家网店就能够解决问题，而是要形成铺天盖地的网商小店与顶天立地的大型网商有机并存的电子商务格局，本地任何地方、任何领域都有网商存在，任何产品都在网上销售，绝大多数网商都能长期生存。

三、平台误区

误区

电子商务离不开网站或平台，发展电子商务要不要建立自己的平台、建多少平台？这是困扰县域及乡村电子商务发展的一个普遍问题。有的主张不建自己的平台，依靠第三方平台即可，这样既节省投资费用，又绕开技术和人才不足的困难，避免走重复建设的路。也有主张积极建立自己电子商务平台的，认为平台是信息资源、市场资源和用户资源的集合体，从长远看，如果没有自己的平台，就没有自己的资源，难以把握未来本地互联网经济发展的主动权。

解惑

关于是否建立自己的电子商务平台、如何建设，观点很多，这里以四川省商务局王春轩副局长的阐释作为典型代表，仅供参考。他说，“最严重也最普遍的问题可能莫过于把自己最好的产品拿到别人的市场（指别人的平台）去卖，再让四川消费者拿自己的钱去赶人家的场”。他还说，“引进‘电商大佬’，能起到很好的带动作用，但同时必须以‘本土电商’平台为抓手，如果做不好的话，可能会失掉市场主动权，要切忌‘招呼女婿误了儿’”。在“建不建电商平台”问题上，他建议：第一，县委县政府要出台非常明确的规划；第二，要有本县的综合性电子商务平台；在县一级单位一定要有电子商务基地，基地建有信息中心、交易中心、培训中心、结算中心、物流中心；第三，要有专合组织负责收购、分选、包装等，把产品转化为标准化、具有品牌附加值的商品；第四，形成能够闭合的生态圈和产业氛围。

四、冲击误区

误区

电子商务冲击实体经济已经形成共识，特别是在商贸流通领域对实体商店、商超等的业务量分流日益明显，据商务部统计，2015 年电子商务交易额已经占社会消费品零售总额的 10.8%，并且这种占比增长的趋势还在加快。农村地区近年来商贸流通业得到快速发展，县级城区、乡镇范围相继出现大型商贸中心、零售超市和连锁商超，特别是本地连锁商超的零售点广泛覆盖农村村社。这种局面刚刚形成，还比较脆弱，一旦引入电子商务，势必冲击正待发展的农村商贸流通实体系统，对农村商贸业发展带来不利。因此，造成对电子商务的疑虑，迟迟不能引起各界的共鸣。

解惑

据实地考察，农村连锁商超的经营管理者无不积极思考引入电子商务，有的甚至组建团队，自己建立电子商务平台服务系统，将实体商超的商品放到平台上售卖，还将实体商超改造成以配送为主的服务功能区。随着农村本地连锁商超规模的扩大，对商超实施信息化管理成为第一需要，在引导和支持农村商超建立信息管理系统的同时，搭建电子商务展示与交易平台，通过两者并行实施，既满足普遍的信息化现实需要，又符合电子商务的长远发展方向，还节省综合建设费用。这样，电子商务不仅不与实体商超发生冲突，而且让农村商超得到及时提升和转型，使其主动融入未来乡村电子商务服务体系中。

五、税收误区

误区

电子商务，特别是乡村电子商务，如果网上交易都是在淘宝网等大型电子商务平台上完成，因为都是个体创业者居多，他们不用通过正式的工商注册就可以开设网店进行售卖，所以无法对他们征收税额，无疑对本地税收贡献甚微。况且，电子商务交易额一般不体现在本地电子商务平台上，发展乡村电子商务的政绩得不到凸显。上述两个原因，导致县域政府及传统行业缺乏大力推行电子商务工程的内在动力。

解惑

根据先进地区“淘宝村”的发展经验，当个体创业者或网商们的业务规模壮大到一定程度之后，网店信誉、产品品牌、行业资质和社会荣誉等逐渐成为他们必需的要件，否则，他们不能发展得更好。此时，网商们会主动成立企业，注册商标，争取更多社会荣誉，承担赋税义务。此外，即便在创业初期暂时不能贡献税收，因电子商务带动本地仓储、包装、快递、信息服务，甚至房地产业等，都能对本地增长税收贡献。至于如何体现电子商务交易额的政绩，还需要处理好上述平台误区的问题，在优先解决本地产品通过知名电子商务平台扩大网上销售规模和销售范围的同时，采用灵活多样的方式引导本地企业建立自己的电子商务平台，使之成为本地电子商务资源的蓄水池。

六、园区误区

误区

在县域及乡村电子商务发展中，不可避免地要考虑建设电子商务园区和物流园区，否则电子商务产业的各种业态不能聚集在一起，不仅影响电子商务运作效率，而且电子商务服务链所需要的更大场地需求得不到满足。但是，许多地区建设了电子商务园区或物流园区之后，由于种种原因也出现入住率不高、形象大于实效、业态偏离方向等问题，导致对园区建设心存疑虑。电子商务类园区建与不建、园区功能定位如何、建多少，困扰着县域及乡村电子商务规划与发展。

解惑

电子商务园区是指以电子商务产业发展为主线，聚集形成电子商务服务业生态，持续优化电子商务产业链的专业园区的总称。电子商务园区虽然因类型不同而具有不同特点，其总体构成却大致包含以下内容：构建以 B2B 和 B2C 为核心的电子商务交易平台；引进电子商务平台企业、电子商务服务企业和电子商务应用企业；培育交易服务、信息资讯、即时通信、网络社区、电子支付、移动应用、网络金融、物流配送（线下输送、线上管控）、数字认证、网络信用、品牌包装、图像处理、技术支持和代理运营等服务生态；引导传统产业企业和传统商贸企业开展网络营销、网站推广、网络广告、供应链管理和信息化管理等互联网应用；支持交易服务商“O2O”转型、传统产业企业“垂直电商”转型和传统商贸企业“O2O”转型。电子商务物流园的功能目前则以仓储、分拣、传送、包装、转运、配送等为主，要求高效率、准确地处理大量电子商务订单件。鉴于以上功能需求，无论电子商务园区，还是电子商务物流园区，都需要在一定产业规模基础上得到发展，如果产业规模上不去，难免园区建成后遇到“空巢”现象。

按照产业规模需要兴建电子商务园区及其物流园区是具有合理性的。例如参照“淘宝村”的标准加以考虑，如果一个村的电子商务交易额达到 1 000 万元 / 年以上、网商人数占全村人数 10% 以上，此时需要形成电子商务服务链支撑发展，兴建一个电子商务服务与仓储物流共用的专业化园区非常必要。如果发展到“淘宝镇”的规模，则需要考虑将电子商务服务产业园区与电子商务物流园区分开进行建设，特别是农产品冷链建设更应当相对独立进行建设，因为它们在投资规模、设施配备、管理模式和运营机制等方面都存在较大差别，不宜再混搭在一个园区内。

广义地讲，各种传统产业园区（如工业园、农业园、农业基地等）都需要引入电子商务服务业态，以支持传统行业企业实现电子商务应用推广，促进供应链升级转型。这些传统产业园一旦引入电子商务服务业，通过改造和调整原有园区或区域的功能布局，就可使其成为电子商务产业的有形载体。这样，既可以纳入电子商务园区管理和建设范畴，又可以充分利用和发挥各种产业园的现有资源，为电子商务产业发展提供更广阔的物理空间，同时还减轻园区重复建设的程度。

七、人才误区

误区

县域及乡村电子商务发展最大的瓶颈是人才，政府喊缺人，企业喊缺人，行业整个都在喊缺人。据阿里研究院 2014 年 9 月发布的《县域电子商务人才研究微报告》显示，缺乏电子商务相关人才，是目前县域电子商务普遍面临的问题。无论刚刚起步的县域，还是已有领先优势的县域，在营销、运营、设计等各个岗位、在高中低各个层次，都有不同程度的人才缺口，最缺美工设计人才和懂得数据分析的人才。大多数县域尚未建立电子商务人才培训体系。同时，县域对于集中于大城市的电子商务人才缺乏吸引力。据分析，未来 3~5 年，县域电子商务人才缺口约达 200 万人。

解惑

在大喊缺人的同时，往往忽略对电子商务人才的正确认识。什么是电子商务人才？他们都必须是具有高等教育学历、掌握高端技术的人吗？对于目前县域情况而言，要聚集这类人才不具备多方面的条件，且大多数地区的乡村电子商务发展程度更需要实操性运营人才。从先进地区“淘宝村”兴起的过程看，开网店起家的农民网商们并不都是高学历人才，大多数农村青年仅仅具有初中文化程度以下的水平，可是他们能专注于网店业务，改变当地环境配置，一步步踏实地走出发展壮大之路。说明互联网应用并不需要太高的学历，关键在于网络市场是否确实能为农民带来实际增收。在市场回报的激励下，农民完全有能力主动学好互联网应用知识，而互联网普及化的应用知识（如网店运营等）本身也避开了高技术和高学历的障碍，适应在大众中广为推广。

实践证明，乡村电子商务最缺的是将互联网络应用与当地特色产业相结合的实干人才，而且需要很多这样的人才聚集起来，才能产生整体性市场效应。这种人才的首要条件是扎根农村、立足当地产业，然后学会互联网应用工具和方法，将本地特色产品推广到互联网上，实现网上创收创业。显然，引进和培养是乡村电子商务人才仅有的两个来源，引进人才须重点解决本地化融入的问题，涉及县域及农村的综合环境建设；培养人才则应着重解决学习互联网应用问题，需要建立相应的培训服务体系。引进人才需要经过相对漫长的过程，而且引进数量具有很大的局限性，难以满足在短时期内形成大量的本地化人才。因此，只有培养当地人才，才是乡村电子商务现阶段最切实有效的人才之道。基于网络市场的驱动，强化互联网应用培训体系建设，为当地农村产业人员提供针对性强的培训和指导，短期内完全可能培养出大量的本地电子商务应用人才。当然，培养人才与引进人才并举，既解决大量本地人才缺口问题，又解决高端人才在技术支持和整体运作方面的引领及带动问题，是最理想的方案。即便这样，也应当清楚，培养本地人才是乡村电子商务人才来源的基础，引进人才则是锦上添花的长远路径。

无论培养人才还是引进人才，必须依托当地产业发展而发展。如果当地产业不能长久支持电子商务发展，即便培养的本地人才也将难以留下持续创业，引进人才则更无根基立足。一些县域地区，花费很大精力培养出本地电子商务服务人才，却因本地电子商务发展受到局限，不能让这些人才施展创业才能，往往远走沿海等电子商务发达地区，为本地留下不解的人才痼疾。因此，在解决人才问题的同时，不能忽视本地特色产业的合理布局和适当调整，使之适应电子商务发展的要求，如规模化、标准化、品牌化、可追溯等条件，将本地特色产业与电子商务产业协同推进，在产业融合中为电子商务人才创造广阔的发展空间。总之，培养和吸引人才的模式，可以浓缩为“特色产业 + 电商产业 + 服务环境”。一旦形成这样的人才吸引模式，县域及农村地区就具有电子商务人才自我孵化和自我再生的机能，人才瓶颈将得到根本改善。

八、发展误区

误 区

据国内专家考察发现，在乡村电子商务发展较好的地区，“淘宝村”“淘宝镇”异常活跃，但同时也呈现一些弊端，需要引起各界关注和研讨，以便及时避免这些问题继续放大和扩散。主要弊端包括：①同质化竞争严重，打价格战，而“淘宝网”等平台成本不减，利润空间越来越小。②“双 11”等狂购节时备货场地严重短缺。③孩子进城读书，父母留乡创业的“反留守”问题呈现。④乡亲之间竞争激烈，网商与政府之间出现裂缝。⑤网商普遍缺人手、缺人才，管理能力、设计能力有限，困惑如何做大、做强。⑥乡村治理问题日益突出，电子商务产业带来新的环境污染，比如粉尘、噪声等，乡村政府机构难以协调网商共同治理，美好家园建设目标受到冲击。⑦农村消费水平升级日趋明显，网上消费量加快增长，对工业品下行要求越来越高，同时在消费升级的带动下，需要通过电子商务实现增收的愿望日渐强烈，而农产品上行作为农村增收的主要途径，却受制于农村生鲜配送体系不成熟，难以有突破性进展。

解惑

上述问题表明，乡村电子商务发展到一定程度后，必然面临综合治理困境。网商整体性联盟发展、电子商务与物流园区统筹建设、改善中小学教育质量、理顺政府与网商创业者关系、全社会共同参与环境治理、提升网商公司化管理水平和加强农产品上行服务体系建设等，既是乡村电子商务先进地区亟待探索解决的新问题，也是乡村电子商务后发地区借鉴先进地区经验，值得防患于未然的长远问题。总之，乡村电子商务综合治理更需要加强社会化的“五力协同”机制，政府支持、企业主体、学校建设、科技支撑、用户提升，全面消除各个领域的障碍，打一场全域电子商务提档升级的翻身仗，让农村在普遍实现增收的台阶上，回归美好家园生态、自然、有序的新面貌。

第二节　乡村电子商务发展出路

一、“湘西为村”调查报告启示

《把村庄建在移动互联网上——“湘西为村”调查报告》，展现腾讯为村开放平台在湘西推广的情况，从区域化整体协同发展的视角，对乡村电子商务出路给予很好的启示。

1．“湘西为村”全国之冠

截至 2016 年 12 月底，全国共有 2 642 个村庄申请加入“为村”，其中湖南省最多，共 458 个，已审核通过 176 个。全国完成公众号功能开发并上线的互联网村庄共 105 个，见表 8–1。

表 8–1　2016 年完成公众号功能开发并上线的全国“为村”数量分布

地区	上线村庄数（个）	地区	上线村庄数（个）
贵州省黎平县	36	湖南省湘西州	23
内蒙古扎兰屯市	25	甘肃省康县	12
重庆市	3	四川省邛崃市	3
浙江温州、杭州	2	安徽省金寨县	

2．“湘西为村”基本情况

湘西州地处武陵山腹地，交通、信息相对不便，广大村民更希望借助互联网来改变生活状况，申请加入“为村”的愿望更加强烈。

与“为村”发源地——贵州铜关村由互联网企业主导不同的是，“湘西为村”是以政府部门为主导的。截至2016年年底，湘西州申请“为村”的村庄共有278个，占全国的10.5%，占全省的60.5%；有132个村庄通过了“为村”申请，通过比率为48%，远高于全国25%的平均水平；有49个村建立了村公众号，其中23个村庄已完成公众号的开发升级，占全国22%。无论是数量，还是质量，“湘西为村”在全国都占有优势。

3. “湘西为村”成功做法

“湘西为村”在试点推广过程中做了大量创新性工作，包括让村民们在网上相聚、教会村民手机上网、发布推文、销售农产品，提高村公众号的关注度和为村平台的运用实践，更主要的是抓住了一些关键性的工作。

一是组建一支村庄的互联网团队。“湘西为村”始终把村级互联网团队培育摆在首要的位置，每一个“为村”村庄都有5名以上优秀村民组成的互联网团队在辛勤耕耘。

二是提升村民互网络的运用能力。从村民享受“为村”平台带来便捷的生产生活，到互联网助力村庄发展和精准脱贫，湘西的每个“为村”村庄都在努力实现从“一人为村”到“全民为村”的跨越，让所有村民参与互联网并从中受益。

三是去中间化，由村民自主发展电子商务。各个试点村都很重视提升村庄的电子营销能力。村民自己操作电子商务平台，掌握市场主动权，生产不再盲目跟风。

四是村主要活动场所实现网络覆盖。已有12个村实现光纤入户和村内主要场所无线局域网全覆盖。

4．“湘西为村”主要成效

随着“湘西为村”的深度推进，互联网村庄的村民精神面貌、村庄治理、村民收入正由里及外悄然发生着改变。

一是密切了村民之间的感情。不管是在村内务农，还是在外工作、学习，“为村”把村民的心紧紧联系在了一起。

二是提高了村庄的知名度。借助互联网的宣传，彰显了山寨的独特美丽，如凤凰县扭仁村、大坡村等。

三是让更多的人领略了乡愁。“湘西为村”丰富了村民的文化生活和精神世界，重拾了古老朴实的乡土文化，一些沉寂多年的民俗活动在“为村”村庄又活跃了起来，如朱雀洞村的赛龙舟、古双云村的稻花鱼节、司城村的舍巴节等。

四是加强了村庄的内部治理。利用“为村”平台开展党建、管理村务、公开事务，大事小事都在村微信群里讨论，毫不隐讳，密切了干群关系，缓解了村民矛盾，和谐了村庄氛围。如龙山县兴隆街村、泸溪县麻铺村、凤凰县通板村等。

五是能有效应对各种突发事件。特别是灾害发生后，能迅速有效地开展自救。像为期一周的里耶洪灾“食材配送救助大接力”活动，惹巴拉 8.6 万元的火灾救助，反响都很大。

六是推动农村电商发展。2015 年，里耶镇比耳村没有一家微店。2016 年，在比耳“为村”团队的带领下，全村微店迅速发展到 110 多家。村民以每千克 3.4 元的价格在网上热销里耶脐橙（见图 8-1），线下批发价为每千克 0.9~1.1 元，全村至少增收 500 万元以上。

七是涌现了一批“为村”好支书、好村干、好村民，特别是一批充满正能量的村级互联网团队茁壮成长。

图 8-1 湘西特色农产品“里耶脐橙”网上热销

5. “湘西为村”存在不足

“湘西为村”刚刚起步，还存在一些短板和不足。

一是认识上有不足。有些基层领导干部对“湘西为村”的重要作用认识不足，对相关工作不理解、不支持；有些村干部运用互联网进行村务管理心有疑虑，不理会、不配合；有些村民认为互联网高大上，是一件遥不可及的事情，与自己无关，不学、不用；也有部分村民则因见不到眼前利益，不感兴趣、不肯参与。

二是执行上有偏差。个别村庄带头人缺乏凝聚力，不能把村民有效组织起来；也有人抱怨村里没人才，团队建不起来；有的村庄不团结，影响“为村”的效果。

三是资金投入没保障。截至2016年年底，全州有278个村庄提交了“为村”申请，但已升级开发的只有23个村，没做好的主要原因是缺钱。一个村庄的“为村”开发大约需要6万元钱，包括公众号开发、网络安装、电脑和打印机等办公用品、农产品包装设计等。自从扶贫项目资金在县级层面整合以后，州扶贫办很难为各村安排启动资金。

四是推广乏力。当前各级扶贫部门工作任务重、压力大，不少同志存在多一事不如少一事的想法，推动“湘西为村”健康发展的人很少。

6. “湘西为村”今后出路

“湘西为村”在密切村民感情、加强村庄治理、销售村庄产品等方面发挥了很好的作用，让“为村”平台在自治州的村庄快速落地，针对存在的不足，进一步提出今后持续发展的举措。

一要加强组织领导。州、县（市）、乡镇三级都要成立由党委或政府领导牵头的“互联网＋贫困村”建设领导小组，统一领导、统一推进“湘西为村”建设；组建由扶贫办牵头、各相关部门参加的“互联网＋贫困村”建设工作班子，出台具体工作方案，加强推广、培训与服务指导，提高质量与效益，确保“互联网＋贫困村”取得较大成效。

二要进行顶层设计。认真总结“湘西为村”一年来的实践经验，出台指导全州“湘西为村”发展的文件。

三要加大资金投入。“湘西为村”属于公益性服务平台，需要政府加大投入。州内各级党委政府要整合资金，加大推广建设力度。网信企业要加快实施网络进村入户工程。

四要落实层级责任。州级层面利用人事、文化宣传、教育培训等资源优势，做好示范与引领工作；县级层面制订具体工作方案，落实专职人员和项目资金，加大推广力度；乡镇、村庄负责具体落实，在操作层面上狠下功夫。

五是实施激励机制。对推广“腾讯为村”成绩突出的领导干部和工作人员，以及优秀“为村”带头人、公众号管理员进行奖励。探索将“互联网＋贫困村”纳入州、县政府的日常工作目标管理体系，实行绩效考核制度。

二、乡村电子商务发展思考

1. 政府主导与政府引导相结合

事实表明，乡村电子商务是在农村许多基础设施还未建好的情况下，由网商们异军突起开创了农村发展的新天地。前期农村网商的自发行为，基本上与政府引导没有直接关系，除非当地政府领导作为网商的一员，带头推广和销售特色产品，一般情况属于个体或企业的市场行为。当形成“淘宝村”类“电商村”后，个体行为则演变成产业聚集形态，甚至带动农民普遍开展电子商务活动，对当地经济发展造成强烈影响，使政府不得不正视乡村电子商务问题。从“工业品下乡”到“农产品进城”，无不与县域及农村互联网络、交通道路、电商园区、物流中心、服务站点、培训基地、公共平台等基础设施紧密相关，电子商务服务业态必须寻求新的生存环境，传统产业特别是农业生产模式，需要进行改造以适应电子商务的要求。这些工作带有全局性质，不是哪一个个体或企业能够完成的，因而必须在政府强有力的领导下，动员社会各界广泛参与、协同配合、统筹推进，才能得到有效实施。在这种情况下，从乡村电子商务顶层设计、统一规划、统筹建设、制定政策、协调组织，到质量监督、品牌树立、优化物流、产业调整、综合治理及教育培训的各个方面，政府要起到主导作用，为县域及乡村电子商务铺路搭桥，引导乡村电子商务市场健康、快速地发展。或者说，政府必须主导乡村电子商务“软环境”的营造，而通过改善“软环境”，达到引导农民网商或企业做大电子商务产业、提振传统产业的目的，将“主导性”工作与“引导性”工作有机结合起来。

2. 电商业态与农村产业相结合

一般而言，电子商务业态是指以电子商务交易为核心而衍生出的新兴服务业，又称电子商务服务业，主要包含交易平台服务、网络信息服务、信用认证服务、网络营销服务、网店代运营服务、信息技术服务、网货快递服务、电商培训服务等。电子商务服务业与传统行业的电子商务应用（简称电子商务应用行业），形成互为关联的新型产业链集合，这就是所谓的电子商务产业。这样描述电子商务产业含义，对于正确认识电子商务产业发展具有积极意义。这意味着，电子商务产业包含两种基本业态大类，即电子商务服务业和电子商务应用行业。其中，电子商务服务业主要以平台商、网商、快递公司、信息服务企业等构成；而电子商务应用行业则主要是指各种传统行业的企业，运用电子商务技术和方法，实现网上直销或网上营销后形成的创新产业集群。电子商务服务业先期构筑了互联网市场，并逐步完善了互联网市场所必需的服务环境，消除互联网市场与传统行业之间的技术屏障，打开传统企业涌入电子商务领域的闸门，形成电子商务服务与电子商务应用两大业态交互共融的格局。电子商务服务业自出现以来，没有离开过传统行业产品的支撑，如今传统行业电子商务应用的兴起，让电子商务服务业更加走进传统行业，O2O 模式的趋势最终使两者不分行业界限，从而孕育出能包容电子商务服务与电子商务应用两大业态的综合性电子商务产业。对于农村产业而言，农业、食品加工业和其他制造业将与电子商务服务业交互共融，构成乡村电子商务产业。当乡村电子商务从网商起步，发展到一定水平之后，愈加需要农村产业为电子商务提供强大支撑，否则乡村电子商务会受到产品规模、产品品质和产品附加值等因素的严重制约，断送已经取得的成果。此时，务必重视改造农村产业的传统布局和运行模式，使之适应电子商务大规模、高品质、标准化和高效率的要求，与电子商务服务业态融为一体，尽快成为乡村电子商务产业不可分割的重要组成部分，实现电商业态与农村产业的有机结合。

一旦构筑起县域电子商务产业链（或电子商务服务链），本地商贸电子商务平台、本地特色电子商务平台，将与外来知名电子商务平台形成互动，资源互补，由本地政府、社会、合作社、物流企业、运营服务、品牌创意、网店设计等行业共同打造的电子商务综合服务体系，也将成为承载本地电子商务业务和外来电子商务业务的综合环境平台，不仅支持内外电子商务业态融合发展，而且支撑本地电子商务产业创新发展，见图 8–2。

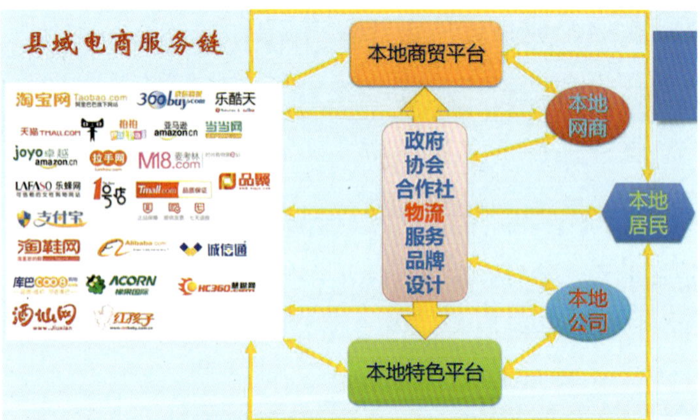

图 8–2　县域电子商务服务链

移动电子商务模式将很快进入乡村电子商务，在农村形成新的移动电子商务产业链。在移动体验的牵引下，围绕着每一个移动体验伴生一个专业化品类的移动商城，驱使移动电子商务加快向乡村产业渗透。随着各种移动终端的广泛应用，包括商品及其包装在内的物品都将成为物联网的组成部分，它们可能渗透到产品的全产业链中每一个细分环节，即材料供应、产品生产、质量监督、商品营销、物流配送、售后服务及长期使用跟踪等，优化价值链，创新协同链，为乡村产业提升找到更便捷的手段，见图8–3。因此，要密切关注移动电子商务进农村的进程，不错过新一轮发展机会。

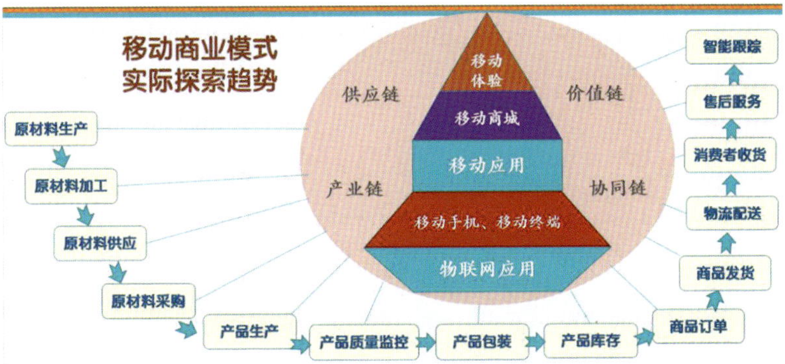

图8–3　乡村移动商务模式探索方向

3. 产品品牌化与标准化相结合

从营销的角度出发，打造乡村产业品牌必不可少，树立一个好的网上品牌更有利于迅速扩大传播范围，提升产品的知晓度，产生"网红"效应。这是网商们非常看重的首要任务，他们擅长塑造品牌，同时运用各种网络推广工具展开营销攻势，如通过标语口号、软文故事、打折促销、推介引导、包装扮靓等手法争取最大的市场关注度，以达到聚合"访问流量"、实现交易转化的目的。实践中，品牌营销往往先行在前，发展到一定阶段后，品牌对产品质量和标准化程度的依赖性则越来越大，如果后期没有更好的产品质量和标准化作为支撑，品牌营销将难以大展奇效。产品质量要建立在产业链和价值链的标准化基础之上，而农产品产业链的这种标准化程度又存在较大差距，因此农产品的标准化尤其难以实现。相比而言，水果、坚果类农产品在外观上的标准化容易做到，蔬菜、生鲜等农产品的外观则更加复杂。但是，总体上无论哪种农产品，外观标准化都还需要继续深化完善，例如在收购环节应当配备专业化的检测设施或工具，建立分类标准工作机制等，从农产品进入电子商务流通渠道的第一道门槛，就完成农产品外观标准化处理。至于农产品的内在质量，则可追溯到整个产业链的各个环节，从播种、孵化、生长、成熟，直到采收、屠宰及分割等，都直接影响最终产品的品质。可见，农产品内在质量的标准化，本质上隐含在生产流程标准化、生产环境标准化、生产设施标准化、生产物料标准化等各个方面，如何将这些隐含的质量标准化过程通过消费者所能直接感受到的方式（如酸、甜、苦、辣、香的口感，粗、细、黏、韧、脆的质感等）呈现出来，成为农产品拥有品牌独特性的关键因素。总之，在产品品牌化的同时，狠抓产业链的标准化，是农产品电子商务持久发展的根本出路。

4. “五力协同”与乡村治理相结合

全国著名电子商务专家李琪教授提出县域电子商务“五力协同”模式，并亲自带领高校师生团队，多次深入重庆忠县及其乡镇村社。他们为县级政府领导及公务员开展电子商务咨询研讨，帮助制定县域电子商务发展规划，推进村级电子商务服务站点建设，组织农户和企业生产优质农产品网货，指导成立乡村电子商务协会，协调县级交通部门兴建通往村庄的“电商路”，引进电子商务公司搭建本地“网上集市”平台，会同农业企业打造县域公用品牌，动员高校学生参与忠县乡村电子商务创新创业实践，目前正在深入推进县域物流联盟和乡村电子商务联盟，践行“五力协同”电子商务推进模式，加快忠县全域及乡村电子商务行动步伐。他们用实践证明，“五力协同”是推进县域电子商务行之有效的措施，特别对于电子商务发展滞后的中西部地区更值得参考借鉴。

所谓“五力协同”是指政府、企业、学校、科研、用户齐心协力推动电子商务发展，简称“政产学研用”协同机制。政府营造环境，企业大胆实践，学校和科研机构研讨思路，用户个性化购物引导电商服务方向。在县级政府层面，忠县各部门做到了协同一致地推动电子商务工作，通过会商研讨，明确各部门的基本分工如下：①商务部门主持电子商务服务业发展工作,引导企业电子商务应用。②经信部门支撑电子商务基础设施建设，支持传统企业转型升级。③农业部门开发农产品电子商务品牌，推动产业升级。④交通部门负责建设或扩建村级“电商路”。⑤旅游部门重点推行移动电子商务应用（智慧旅游），通过乡村旅游融合农产品销售，建立游客关系数据库，服务地方经济。⑥物流部门统筹规划建设辐射渝东区物流基地和冷链物流圈。⑦人事部门挖掘本地电子商务潜在人才，跟踪潜在返乡青年。⑧教育部门引导本地职业学校、高级中学开展电子商务应用人才培养。

面对乡村电子商务先进地区呈现出来的乡村综合治理问题，也需要在“五力协同”模式下进行整体推进，将政府各个部门与社会各界联系在一起，明确分工职责，统一行动，才能达到综合治理的目标效果。“五力协同”电子商务推进模式（见图 8-4）同时也是乡村综合治理的有力引擎，是乡村电子商务健康发展的保证。

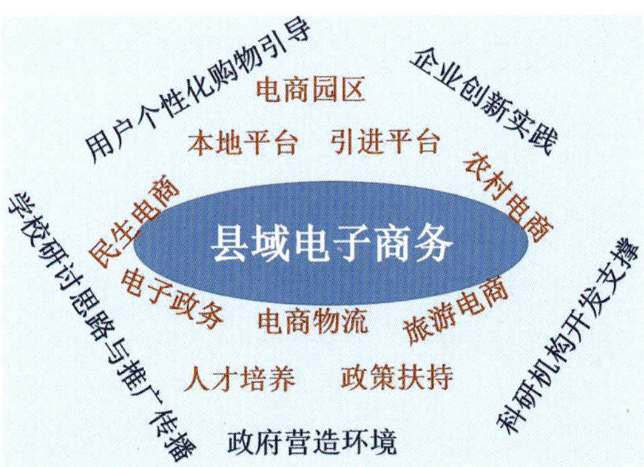

图 8-4　“五力协同”电子商务推进模式

参考文献

[1] 阿里研究院．淘宝村研究微报告 2.0. 2013.

[2] 阿里研究院．2015 年中国淘宝村研究报告．2015.

[3] 阿里研究院，阿里新乡村研究中心．2016 年中国淘宝村研究报告．2016.

[4] 阿里研究院．淘宝村：乡村振兴的先行者—中国淘宝村研究报告（2017 年）．2017.

[5] 阿里研究院．中国淘宝村研究报告（2018）．2018.

[6] 梁晓音．“淘宝村”发展模式、问题与对策—以广西“淘宝村”为研究对象．商业经济研究，2016(14)：141-142.

[7] 王燕，张奇，卫婧婧．基于组织生态学的淘宝村发展模式案例研究．未来与发展，2016，40(4)：52，53-58.

[8] 郑雪．“淘宝村”发展模式及培育对策研究—基于嘉兴市的实证分析．西部经济管理论坛，2016，27(2)：38-43.

[9] 财政部，商务部．关于开展电子商务进农村综合示范的通知．2014.

[10] 国务院办公厅．关于促进民农村电子商务加快发展的指导意见．2015.

[11] 商务部办公厅．农村电子商务服务规范（试行）．2016.

[12] 商务部办公厅．农村电子商务工作指引（试行）．2016.

[13] 高峰．2018 年我国网络零售市场发展状况．2019.

[14] 国务院办公厅．关于乡村产业发展情况报告（2018 年）. 2019.

[15] 洪涛 . 2018 年中国农产品电商发展报告 . 2018.
[16] 淘宝网 . 全国地方特色农产品上行报告 . 2019.
[17] 人民网 . 流通畅，农村消费旺 . 2019.
[18] 杨滨宁 . 邹晶虹获评“2018 中国农村电商致富带头人” . 大庆网 , 2018.
[19] 崔冬 . 县、乡、村三级物流网络建设提速 . 中国物流与采购 , 2019（2）：23.
[20] 王洁 , 夏玉柱 . 杭州市乡村电子商务公共服务体系建设的探讨 . 新农村 , 2014（9）：11-12.
[21] 杨旭 , 李竣 . 县域电商公共服务资源投入与治理体系 . 改革 , 2017（5）：95-105.
[22] 陈芳芳 , 罗震东 , 何鹤鸣 . 电子商务驱动下的乡村治理多元化重构研究—基于山东省曹县大集镇的实证 . 现代城市研究 , 2016（10）：22-29.
[23] 田晓剑 . 农村电商人才还须内部培育 . 农村工作通讯 , 2019（8）：55.
[24] 徐珉钰 , 孙伟仁 , 邬德林 . 中国农村基本公共服务现状及对策研究—基于 196 个村镇的调研 . 绥化学院学报 , 2019, 39（6）：27-30.
[25] 陆峰 .《电子商务法》实施带来的影响及应对措施 . 中国经济时报 , 2019.
[26] 杨雪雁 . 临安坚果电商产业链调研分享，中国信息经济学会电子商务专业委员会专题学术交流 . 2016.
[27] 邹益民 . 电子商务开辟精准扶贫新路径—以甘肃陇南为例，中国信息经济学会电子商务专业委员会专题学术交流 . 2016.

[28] 李佳雯．农产品电商之“通榆模式”的特点及发展前景分析．企业技术开发（下半月），2016，35（7）：105-106.
[29] 吴志会．实施电商扶贫，走出精准“造血”新路—浙江省龙游县电商扶贫的实践与启示．知识经济，2016(24)：18-19，21.
[30] 李昌平．该给农村电商大跃进运动泼点冷水．中国乡村发现网，2015.
[31] 盛振中．县域电子商务发展微报告．阿里研究院—县域电商研究，2014.
[32] 储新民．淘宝村的昨天今天明天．中国信息经济学会电子商务专业委员会专题学术交流，2016.